# 税理士のための百箇条

―実務と判断の指針―

税理士・公認会計士・弁護士
関根 稔［著］

財経詳報社

# はじめに



「ダイヤが大きく見えますね」

「ありがとうございます。作りが違うのです」

「なるほど、デザインですか」

「いや違います。作りです」

これは軽井沢のアンティーク店での会話の1コマだ。

「デザイン」と「作り」は違うのだ。

センスがあれば、よいデザインの商品を作ることができる。

しかし、熟練した職人の技術がなければ「作り」のよい商品にはならない。

そして、デザインと作りの関係は、「アイデア」と「気付き」に似ている。

知識とセンスがあれば良いアイデアを提案することができる。しかし、経験と年齢がなければ良い気付きには辿り着けない。

さて、私は、日商簿記1級、税理士試験5科目、公認会計士二次試験、そして大学を卒業した年度に司法試験に合格し、司法修習生の時代に公認会計士の三次試験に合格してきた。いま弁護士として法律事務所を経営しているが、社会へのスタートが税理士業界だったためか、軸足は常に税理士業界にあったと思う。

他人の弱点を探し、そこを追求することで自分を正義にする。そのような弁護士流の生き方は、仕事としてのテクニックであって、自分自身の生活ではない。この切り離しが出来なければ自分自身の生活まで破壊されてしまう。仮に、弁護士のテクニックを家族、あるいは友人に対して実行した場合の結果を想像してみれば明らかだと思う。それに比較し、税理士業界の判断基準は、常識であり、アイデアであり、まさに気付きの社会だった。良いアイデアと気付きがあれば、争い事を起こすことなく、平和な村で生活できる。

そのような私の生活の中で、多様な人達に出会い、多様な事案の相談を受けてきた過程で手に入れた「気付き」を「税理士新聞」に連載してきた。本書は、その連載に加筆訂正を加え、さらに新しい項目を加えて完成した書だ。

税理士業界、公認会計士業界、弁護士業界を見てきた立場からの視点として、1つでも、参考になる気付きを見付けて頂けたら嬉しいと思う。

平成25年4月

関根　稔

# 目次

# 税理士のための百箇条

―実務と判断の指針―

# 第1　税理士は何を学ぶべきか

「税理士は何を学ぶべきか」

若手税理士からよく受ける質問だ。企業のホームドクターなら民法だろう。特に、相続編が重要だ。さらに、経済学の基本を理解しておいた方がよい。会社法の知識も不可欠だ。しかし、そのようなことを考え出したらパニックになってしまう。実践したら仕事をする時間がなくなってしまう。

では、何を学ぶべきか。

その設問で気付かされたのは、多くの税理士から持ち込まれる税法解釈に関する質問だ。なぜ、彼らには、自分の専門分野である税法の疑問が解消できなかったのか。その理由は税理士特有の思考方法にあると思う。

税法分野には正確無比の通達があり、それを解説した大量の質疑応答集がある。税法の条文には、ねっちりと詳しく税法の決まり事が書き込んである。だから、一手間かけて調べれば答えは見つかってしまうのだ。そのような完璧なシステムが、逆に、保護法益、つまり、立法趣旨にまで遡って思考する訓練の機会を失わせてしまっている。条文の字句など、決まり事を見付け、それで納得してしまうのが税理士の思考方法なのだ。

しかし、全ての決まり事の前提には、それが守ろうとしている保護法益（立法趣旨）があり、それを実現するための理屈がある。仮に、定期同額給与なら利益調整の防止であり、組織再編成税制なら簿価承継した含み損益の利用の防止だ。保護法益を理解するからこそ、条文や通達に定められた決まり事の解釈が可能になり、その決まり事の有効範囲や限界を知ることができる。

そのことは立法作業を考えてみれば明らかだろう。法律で守ろうとする保護法益、つまり、立法趣旨が想定され、それを実現するための理屈が構築され、それが決まり事として条文化される。だから、これを逆さに遡ることによって制度の趣旨を捉えることが可能になる。それが法律解釈なのだ。

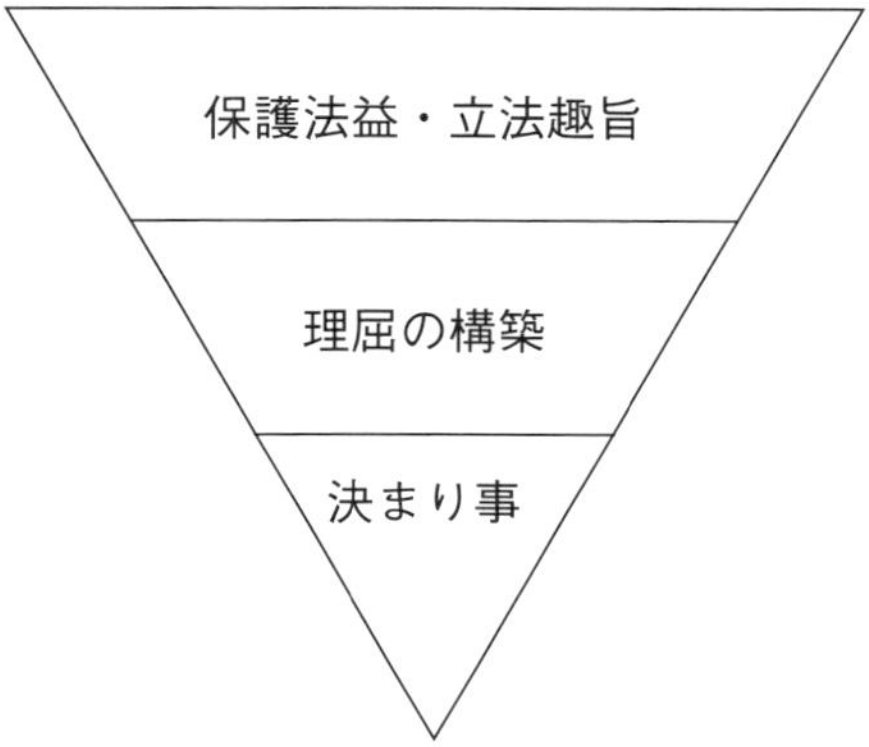


決まり事を知るだけではなく、理屈を知り、さらに、その制度が守ろうとしている保護法益を見つける。若手税理士が学ぶべきは、脇道ではなく、税法の深みだと思う。

## 第2　必要なのはストーリー

税務処理にはストーリーが必要だ——。

昔からそのように言ってきたが、ストーリーという言葉にはどこか虚構の響きが感じられて、気になっていた。真実と異なる〝うそ〟を作り上げるようにも聞こえてしまうからだ。

しかし、ストーリーが意味するのは、そのように否定的な側面だけではないようだ。

司法研修所が編集した『民事訴訟における事実認定』という書籍がある。その中で、6人の裁判官が法廷における事実認定の手法を語っているが、6人中4人の裁判官がストーリーの重要性を指摘している。

「当事者に自らの主張についてストーリー（仮説）を出させ、いわば対立の軸を明らかにしたうえで、それぞれの主張にどの程度の合理性があるか、見通しを立てる」（A裁判官）、「動かない事実がなぜ重要かといえば、それは裁判所が仮説として得たストーリーを検証する試金石となるからだ」（B裁判官）、「ストーリーに合理性があるかどうかを検討するとき、自分の乏しい経験だけを基にして考えるのはよくない」（C裁判官）、「ストーリーを多重的・複眼的に用意する。そして、集まった証拠と総合する。どのイメージが合うかを探っていくのが事実認定だ」（D裁判官）。

司法の世界でも事実認定には合理的なストーリーの存在が前提となる。当然、課税庁が納税者の税務処理について適否を判断する際にも、きっとストーリーが必要となるだろう。納税者もストーリーが書ける処理を心がけなければならない。

たとえば、ある会社が今期、大きな利益を計上した。しかし同時に、大きな含み損を持つ土地を所有している。この土地を社長個人に買い取ってもらって含み損を実現すれば、今期の法人税は大きな節税が可能となる。さて、そこでどんなストーリーを書くか——だ。「経営を息子に譲るために、自分の代につくった含み損は解消して綺麗な貸借対照表にしたい」、「含み損を抱えた土地を持っていては融資に支障が生じるという銀行からの指導があった」……こんなストーリーもあるだろう。

大事なことは、ストーリーを書いたら、その筋書きに沿った処理を実行することだ。そうすれば、売買代金の未払いや、会社の抵当権を抹消していないのに売却損を計上するような〝落ち度〟を指摘されることはない。何のための取引かと問われ、「はい、節税です」と答えるのは、まさに課税庁への無謀な挑戦だろう。

# 第3　税法は理屈の学問

「税法は暗記だ」――。こう主張する人たちがいる。しかし、それは間違いだと思う。わたしは、学生に講義する際には、「税法を暗記する必要は全くない。理解すればよい」と説明している。税法は、理屈の学問であって、暗記の学問ではないと考えるからだ。

税法を他の法律と比較して説明してみよう。たとえば、民法の場合だ。誰でも1日の生活の中で、10個あるいは20個の民法上の取引をしているはずだ。電車やタクシーに乗るのも、駅の売店で新聞を買うことも、喫茶店でコーヒーを飲み、昼食にパスタを食べるのも、会社で仕事をして、そこで電話を使い、コピーの利用も、顧客に商品を販売することも、これらはすべて「民法上の契約」だ。しかし、その一度でも、民法を意識するだろうか。

そして、日本の民法は当然、日本国内にしか適用されないはずだが、アメリカでも、古代ローマでも（日本の）民法555条に定める売買契約を締結することができる。その証拠に、連休、ニューヨークに行けばティファニーで買い物をすることもできるし、タイムマシンを発明すれば、古代ローマでお土産を買ってくることもできる。

――それはなぜか。民法は何も定めず、社会の常識を書き取っただけの法律だからだ。商品を売却したら代金を支払ってもらえる。土地を貸したら賃料が請求できる。金銭を貸せば、返してもらえる……、このようなことは、人類の歴史が始まったときから当たり前のこととして行われていた生活上の常識にすぎない。

これに対し、税法はどうだろうか。自己株式を買い取ったら配当所得になる。会社に対して無償で資産を譲り渡したら、譲渡者に対して譲渡所得課税が行われる。会社が無利息で金銭を貸し付ければ、借りた者に対してではなく、貸主に対して利息相当額の利益が認識される。

これが社会の常識から理解できるだろうか。この理屈を暗記することが可能だろうか。つまり税法は、民法とは異なり、理屈だけで構築されたガラスの城なのだ。税法の学習には、税法の基本理論を理解すること、そして税法の理屈を知ることが必要だが、その理屈を理解してしまえば、おのずから答えが出てくるのが税法の解釈なのだ。各々の法律には、各々の学習の方法がある。

逆に言えば、税法を暗記しても、千差万別の実務には適用できない。税法を暗記の学問とする誤解は、税理士と税法の地位をおとしめるだけの勘違いでしかない。

# 第4　税務判決の利用価値

「このような事案について税務判例はありますか」

そのような質問を受けることが多いが、この質問には、基本的な間違いがあると思う。

税務判例は、決して、実務の指針ではない。

裁判官は、外科手術の失敗について判決を書き、内科の診察についても判決を書く。しかし、外科医、あるいは内科医が、学会で、医療過誤判決を取り上げ、手術の仕方、あるいは内科診断の方法について勉強することがあり得るだろうか。腹痛だからといって裁判官に相談しようと思うだろうか。

これは、税務事案についても当てはまる。裁判官は課税処分について判決を書くが、外科手術、あるいは内科診療についての素人であるのと同様に、税法についても素人でしかない。メスを持っても手術はできず、レントゲンを見ても診断できないように、どこまで税法を理解して判決を書いているのか、心許ないところがある。

さらには、税務の現場と裁判所は異なるルールで運用されている。仮に、消滅時効の期間を経過した債権の回収をしようとしても、裁判所では全く不可能である。しかし、税務の現場では、法定申告期限から1年を経過し、更正の請求期間を経過してしまった事案でも、嘆願制度によって救済していたことは周知の事実である。

民主主義国家では、司法判断が行政判断に優先する事は当然であるが、しかし、それが正しい税法解釈であるかと問われれば、判決を書いた裁判官自身も、不安を感じるところが多いだろう。正直な裁判官は、税法は分からないと本音を語る。

では、税務判決には学ぶべきところはないのかというと、それも違う。税務判決には、先人のミスとして、大いに学ぶべきところがある。

課税処分を覚悟して、税務処理をする納税者はいない。ところが、不幸にして課税処分を受けてしまった。そのような事例について提起されるのが税務訴訟である。

納税者、あるいは税理士は、どのようなミスをしたのか。ミスの結果として、異議申立、審査請求、税務訴訟と、多額な弁護士費用、そして何よりも最終判決までの不安の日々が、そのミスのツケなのだ。

他人のミスには学ぶべきところが多い。そのように利用するのが税務訴訟の判決だ。

## 第5　分掌変更退職金

最近、分掌変更退職金のミスを目にすることが多い。税務訴訟になった案件も多く、いくつかの判決も紹介されている。納税者が救済された判決もあるが、納税者が敗訴してしまった案件も多い。訴訟まで覚悟するのは大変なことなので、課税の現場には、この数十倍、あるいは数百倍の否認事例があるのだろう。

では、なぜ、否認されてしまうのか。

法人税基本通達9―2―32は、常勤役員が非常勤になったこと、役員の給与が半額未満に減少したことなどを要件としているが、これら要件を形式的に満たしたからといって、退職の事実が認められるわけではない。減額後の給料として月額で50万円を超える役員給与を支払っている事例を見ると、相談を受けた税理士は何を考えていたのかと不思議に思う。

分掌変更退職金のような税法知識に基づく否認項目は、税理士のミスといわれても言い訳ができない。しかも、トリプルパンチ課税になってしまう。退職金の損金算入が否認され、役員賞与としての源泉徴収が必要になり、さらに不納付加算税が課税された上に、給与所得課税を受けることになってしまうのだ。

なぜ、このようなミスが頻発するのか――。それは、通達を形式的に読んでしまうからだろう。分掌変更退職金は、そもそも大企業を前提にした通達である。大企業の社長が業界団体の会長を引き受けている場合に、役員の任期が切れたからといって、無役になるわけにはいかない。そのようなケースが想定されていると思う。

しかし、巷の中小企業で、社長の家族が常勤から非常勤になったからといって、分掌変更退職金を支払うのは、無茶がある。

私は、退職金の支払いを受けるのであれば、取締役を完全に辞めて、どのような名目であっても会社からは報酬の支払いを受けないように、とアドバイスをしている。

もちろん、中小企業でも分掌変更退職金が認められた事例は多い。しかし、必要なのは、否認された場合のリスクと損害額の計算だ。あえて限界に挑戦する勇気のある処理は、結局は、依頼者にリスクを負担させることになってしまう。

120%の安全を心がけるのが、この業界で生き残る知恵なのだ。

# 第6　通達に頼ることは間違いか？

「通達は法律ではない！　通達や質疑応答集に頼っているのは間違いだ。税理士も、法律に基づいて税法を解釈すべきだ」

――こう論じる弁護士、あるいは大学教授が多い。しかし、これは本当だろうか。確かに、通達は法律ではないが、間違いなく、法律解釈である。それも、課税庁側が公表している法律解釈である。

仮に、訴訟になったとして、相手方代理人が執筆した論文と、それが訴訟での相手方代理人の主張と食い違うことがあったら、当然、相手方代理人に対して、その矛盾を指摘するだろう。

つまり、通達は、課税庁側が書いた論文なのである。相手方が示した法律解釈なのだから、税務の現場での交渉に有効活用しなければもったいない。

さらに、通達は、法律よりも納税者に有利に作られている。もし、法律よりも不利な通達を作成したら、税理士や弁護士は黙ってはいないだろう。

では、なぜ、通達を否定するという風潮があるのか。それは、一部の大学教授、あるいは税法については門外漢の弁護士の意見が影響を与えているからではないだろうか。大学教授や弁護士は、税法を判例から学習する。税理士試験や教科書、参考書、そして実務から学ぶことをしない。

判例には、通達は登場せず、条文解釈が問われ、実務（通達）が否定された議論が行われることが多い。さらに、判例から税法を学んだ大学教授や弁護士は、通達も、質疑応答集も知らず、実務も知らないことが多いと思う。

そして、訴訟は闘争として行われる。上級庁の下級庁に対する一般的な指揮命令書である通達を尊重する気にはなれないのだろう。

しかし、税務の現場での指針は、通達であり、質疑応答集である。加えて、大量の通達と質疑応答集を熟知しているからこそ、税理士は、それ以外の人たちに対して税法の専門家としての立場が確保できる。

税理士が通達を否定しながら、通達に従った実務を行う。

そのような矛盾は、通達を知らない人たちが作り出したプロパガンダの結果ではないだろうか。

# 第7　譲渡損益の通算禁止

平成15年12月に、「土地建物の譲渡損の通算を禁止する改正案」が突如として登場した。そして、翌年3月に改正法として成立した。

ところが、4月1日から施行された改正法が、1月1日以降の譲渡に遡及して適用されたことから、3月31日までに土地などを売却した人たちから3件の訴訟が提起されることになった。これら訴訟について、福岡地裁は違憲の判決を書いたが、その後は、地裁、高裁とも、すべて、合憲判決を書いている。

本来は、すべての所得を通算して計算すべきが正しい担税力であり、法人なら現在でも譲渡損は通算される。個人でも、賃貸物件であれば、建物の取得価額は減価償却費として自動的にほかの所得と通算される。

なぜ、税法理論に反した改正法が、遡及立法という無茶をしてまで、唐突に提案されたのだろうか。

その理由は、その前年に導入された相続時精算課税にあるのだと思う。相続時精算課税は、贈与税の負担なく、資産を贈与できる手法であるのと同時に、譲渡損を相続人に贈与できる手法だからだ。

仮に、父親が5000万円で取得したマンションが、その後、2000万円に値下がりしていた。父親は、これを息子に贈与し、息子がマンションを売却する。これによって、息子は、3000万円近い譲渡損を計上し、ほかの所得と通算することができる。つまり、相続時精算課税を利用すれば、譲渡損の贈与ができてしまうのである。

相続時精算課税を導入した主税局は、このような節税策に気が付き、急きょ、その翌年に、遡及立法という危険を冒してまで、土地等の譲渡損の通算禁止をしたのではないだろうか。

グループ法人課税や、清算所得課税の廃止など、毎年、盛りだくさんの改正法が成立している。では、なぜ、グループ法人課税が提案され、清算所得課税が廃止されたのだろうか。それには隠された理由があるはずだ。

例えば、清算所得の廃止は、組織再編成によって作り出されるマイナスの資本金等の額と、自己株式の取得などによって作り出されるマイナスの利益積立金が原因だろう。このように隠された理由を探すのが税法の面白さだ。

税法は、まさにミステリーなのだ。

# 第8　予備プランと冗長性の確保

いま担当している訴訟では、8個の予備的主張を提出している。第1次主張が認められない場合は、第2次主張。それが認められない場合は第3次主張、さらに、第4次主張、第5次主張……と、8個の主張を重ねる。

裁判所が、こちら側の主張を否定しようと思えば、8個の主張のすべてについて、その理由が成り立たないことを論じなければならない。

課税処分についての交渉事案では、国税局宛に12個の予備的な主張を提出したことがある。「これが認められなければ次、それがダメなら、さらに次」と、12個の主張を提出した。

これが予備的主張であり、予防法学的には予備プランという存在だ。

自分の主張を信じ、信念を持って主張することも重要ではあるが、その主張が認められないときには沈没してしまうという交渉は、単なる博打でしかない。

専門家が検討すべきは予備プランの構築であり、専門家の能力は、いくつの予備プランを構築できるかという発想の柔軟性にある。

次に必要なのが、冗長性を確保することだ。

「このシステムには冗長性が足りない」という言い回しで使われる。仮に、12ボルトの電圧を使うのであれば、20ボルトの電圧に耐え得る配線をしておかなければならない。わずかな電圧差でエラーになってしまうシステムでは安心して使えない。

この冗長性は、税務の処理でも必要だ。

異議申立期間が2カ月以内とされていれば、1カ月以内に異議申立書を提出し、2カ月以内に調査を開始してもらう。そうすれば、記載要件や当事者の表記など、手続きミスを理由とした却下処分の心配をしなくて済む。

青色申告の承認申請の提出期限を、事業年度終了の日か、あるいは前日だったか——などと記憶するのではなく、今日、提出してしまうという冗長性の確保が大切なのだ。

この業界で最後まで生き残ろうと思うのであれば、必要なのは限界に挑戦する度胸ではない。予備プランを考え出す柔軟な発想と、常に心配し、冗長性の確保を心掛けるノミの心臓なのだ。

## 第9 税法に備わる「公平の作用」

税法は公平でなければならない。

これは、自明の理であるが、それほどまでには自明ではない。公平には3つの概念が存在してしまうからだ。1人が1年間に一定額の税金を負担するという第1の公平と、所得、あるいは消費に比例して税金を負担するという第2の公平、そして、所得に応じて増加する税率を適用するという第3の公平だ。

第1の公平は、人頭税に象徴されるもので、わたしは「映画館税制」と名付けている。資産家でも、そうでなくても、映画館の入館料は同額である。これを不公平という者はいない。

宮古島には人頭税岩があって、身長が岩の高さである143センチを超えれば、一定額の人頭税が課税されていた。宮古島の人頭税は、非常に過酷な税金だったというが、人頭税が常に過酷というわけではない。イギリスのサッチャー首相も導入しようとした税法であって、古い税法というわけでもない。

第2の公平は消費税で、わたしは「コカ・コーラ税制」と名付けている。誰が飲もうと、100円のコーラに課税されるのは5円の消費税で、これも1つの公平である。

そして、第3の公平が超過累進税率で、わたしは「泥棒税制」と名付けている。年収3000万円の者が、仮に泥棒に金銭を盗まれたとしたら、一体いくらまでなら耐えられるだろうか。せいぜい30万円だろう。しかし、年収が３０００万円の者なら１５００万円が盗まれても生活に困窮を来すことはない。これが超過累進税率であり、収入の限界効用に応じた平等の税負担を想定している。

そして、この泥棒はネズミ小僧※でもある。

高額所得者から小判を奪い、貧困者にばらまく。税法が育ててきた超過累進税率という公平概念は、公平な税負担というだけではなく、それ以外の意味でも優れた思想だと思う。

超過累進税率を利用して、高額所得者の資産を所得の低い人たちの社会福祉に用いる。この所得再分配機能が一億総中流社会をつくり出し、有効需要をつくり出すことによって高度経済成長の基礎になっていた。いま問題になっている格差社会は、経済に原因があると同時に、超過累進税率の税額を引き下げてきた減税政策も原因になっているのだろう。

※江戸期の泥棒で、大名屋敷などから盗んだ金銭を貧しいものに施したという義賊伝説がある。

## 第10 税法には3つの種類

税法には、3つの種類があることをご存じだろうか。他人間税法と身内間税法、高額税法と少額税法、大会社税法と小会社税法の3種類である。

税法の条文、あるいは通達は1つだが、実務での適用場面では、これら3つの税法は歴然とした使い分けがなされている。

たとえば、借地権の無償設定、もしくは無償返還を例にとると、借地権の無償設定に対し、権利金の認定課税を経験した専門家は皆無だと思う。さらに借地権の無償返還についての課税処分を経験した専門家も少ないと思う。

しかし、詳細な約束事を定めた借地権通達が存在する。

なぜだろうか。

これは他人間税法と身内間税法の違いである。

他人間で借地権を無償設定しても、また、使用を終えた借地権を無償返還しても、それに税法が介入することはあり得ない。しかし、それを放置しておけば、身内間で設定された借地権が相続税の節税に悪用されてしまう。そこで用意されているのが身内間税法としての借地権通達だ。

次に、高額税法と少額税法である。個人から同族会社への融資について認定利息が計上された裁判例が存在するが、覚えているだろうか。あの事件では、実に3000億円を超える金額が融資されていた。これに適用される課税の理屈が、実務に登場する数百万円から数千万円の事例と異なることは当然のことである。金額が大きくなれば、そこに適用される税法理論は異なってくる。

最後は、大会社税法と小会社税法であり、分掌変更退職金を例にすることができる。中小企業の社長の妻が非常勤になり、役員給与が半額になった場合でも、取締役に残り、給与を支払っている妻に対し、分掌変更退職金を支払うのは暴挙だろう。分掌変更退職金は大会社のために用意された通達と読むべきだと思う。

1つの条文、あるいは通達でも、その適用には3つの区分がある。そして、その3つの税法は、条文には表現されない実務上の常識として運用されている。

この常識を理解せず、ほかの事案で是認されたということだけを根拠に税務を処理してしまうのは、実務処理としては非常に危険なことである。

条文、あるいは通達の文字だけを読むのではなく、それを3つの場合に分けて考えることができるのが知恵ある実務家である。

## 第11　歴史は税法で作られる

米国の中間選挙で、存在が大きく取り上げられた『茶会党』。その名称はボストン茶会事件に由来する。

では、ボストン茶会事件とは何か。新大陸アメリカの市民は、宗主国である英国から課せられた税負担や紅茶貿易での利権独占に憤慨していた。そこでインディアンに扮装《ふんそう》し、港に停泊中の英国船を襲撃、船荷の紅茶をボストン湾に投棄した。これが米国独立戦争の発端となったボストン茶会事件だ。

フランスの協力によって米国は独立を果たすのだが、一方のフランス政府は戦費出費のために財政が疲弊してしまった。解決策として政府が提案した増税に、平民（第三身分）が反対して立ち上がったことが、フランス革命の原動力となった。

さかのぼれば、英国最古の憲法『マグナ・カルタ』も、国王の課税権を制限するために制定されたものだ。

このように、西欧諸国の歴史は常に民主主義の基本として税法が意識されてきたが、日本に置き換えて考えてみると、せいぜい五公五民の年貢と百姓一揆の関係ぐらいだろうか。

しかし、日本でも歴史を作ってきたのは、税法なのだ。

〝黒船四杯〟によって徳川幕府は鎖国を解き、大政奉還を行ったが、その理由は語られていない。江戸初期、日本のＧＮＰは10割近くが農作物だったが、江戸末期には商業資本の発達によって、恐らく農作物はＧＮＰの５割程度にまで減少していたはずだ。つまり、農作物の物納である年貢からの税収は半減し、幕府の金庫は空になっていた。この財政の弱体化が大政奉還につながったのだ。

明治政府は直ちに年貢制度を廃止し、地券を発行して金納制度を採用した。しかし、土地を課税標準とすることに変わりはなく、国家財政を確保するには至らなかった。それが国民の不満を生み、大陸出兵といった経済拡大政策につながっていく。

戦後の日本は、申告納税制度に基づく所得税を導入し、高度経済成長期を迎えた。所得税はインフレに課税する税制なので、インフレと経済成長によって日本の国家財政は、我が世の春を謳歌《おうか》してきた。

しかし、インフレ経済の終焉を予測した優秀な官僚がいた。そして消費税が導入され、そのおかげで、バブル経済崩壊後のデフレの時代にも日本経済は生き長らえてきた。

まさに歴史は、税法によって作られているのだ。

# 第12 贈与は8個の取引

私が大学で租税法を教えていたときの定期試験の問題だ。

民法なら、贈与契約は1つだが、税法では8つにも増えてしまう。

税法の理解にはヤマタノオロチのように、8個の頭を必要とするわけだ。

さらに、これが取引相場のない株式の贈与だとしたら、頭の数は幾つに増えてしまうだろうか。贈与者が個人の場合と法人の場合、少数株主の場合と多数株主の場合、さらに、グループ法人税制が適用される場合とされない場合に区分けをすれば、贈与者だけでも8区分になってしまう。受贈者側に登場する8区分との組み合わせは、はたして幾つになるのだろうか。

無利息融資の事例も同様に定期試験の問題だが、このような

Aは、取得価格1億円、相続税評価額3億円、実勢価格5億円のマンションをBに贈与した。A、Bが個人の場合と、法人の場合について、各々の課税関係を述べよ。

| | 税金名 | 課税金額 | | 税金名 | 課税金額 | |
|---|---|---|---|---|---|---|
| 個人A | （　　） | （　　） | から個人B | （　　） | （　　） | への贈与 |
| 個人A | （　　） | （　　） | から法人B | （　　） | （　　） | への贈与 |
| 法人A | （　　） | （　　） | から個人B | （　　） | （　　） | への贈与 |
| 法人A | （　　） | （　　） | から法人B | （　　） | （　　） | への贈与 |

事案でも、税法の理屈を当てはめていくことによって、正解を導き出すことができる。

税法の素晴らしさは、条文の全てに理屈があり、相互に整合性を持つ法律体系として、課税の理屈の全てが構築されていることだ。

そして、税法の条文を読むことなく、理屈のみで、所得税、法人税、贈与税の課税関係を理解することができる。

法律でありながら、決まり事ではなく、理屈で構築され、その理屈によって経済生活の利害が調整される。

理屈で構築される故に相互の課税関係に矛盾が生じることもない。

弁護士などの法律家から「税法は特別」という声を聞く。

その特別さは、民法などに比較して8倍は複雑で、並の法律家では理解できないという意味で、確かに「税法は特別」な法律なのだと思う。

Aは、1億円を、Bに対して無利息で融資した。なお、市場金利は年3％である。A、Bが個人の場合と、法人の場合について、各々の課税関係を述べよ。

| | 税金名 | 課税金額 | | 税金名 | 課税金額 | |
|---|---|---|---|---|---|---|
| 個人A | （　　） | （　　） | から個人B | （　　） | （　　） | への融資 |
| 個人A | （　　） | （　　） | から法人B | （　　） | （　　） | への融資 |
| 法人A | （　　） | （　　） | から個人B | （　　） | （　　） | への融資 |
| 法人A | （　　） | （　　） | から法人B | （　　） | （　　） | への融資 |

# 第13　判決は予測できない

勝つと思っていた事件で負ける。

負けると覚悟していた事件に勝訴判決が出る。

弁護士なら誰でも経験することなのだが、なぜ判決は予測できないのだろうか。訴訟の本質が法律解釈であるなら、弁護士と裁判官の解釈は一致するはずだ。弁護士の経験不足だろうか。しかし、経験を積んだ弁護士でも、判決の結論は読めないという。

弁護士が中立性を失うからなのか。一方の当事者に肩入れしてしまう弁護士の立場が、事実認識にまでバイアスをかけてしまうのだろうか。

ところが、公平中立な判断の訓練を受けてきたヤメ判（元裁判官の弁護士）も、判決は予測不能だという。元裁判官が「判決は予測できない」と語っているところをみると、中立性論も違うようだ。

結局、思い至ったのは、争いには、原告が主張する真実と、被告が主張する真実という2つの真実が存在するという単純な結論だ。

弁護士は準備書面によって依頼者の主張を裁判所に提出するが、準備書面を書き終えたときには勝訴を確信する。論理が整い、証拠が揃っているのだから、勝訴しないはずはないと。ところが、相手方からの準備書面を受け取ると、その自信が揺らぐ。相手方の主張もまた、論理が整い、証拠が揃っているからだ。

そして、苦しみながら、反論のための準備書面を完成させる。その準備書面は、論理が整い、かつ、証拠も十分で、勝訴を確信するのに十分な内容だ。

これが大部分の訴訟の実態なのだと思う。争いがあるからこそ、訴訟になり、そして、訴訟には2つの真実がある。原告訴訟代理人が準備書面を書き終えた時の真実と、被告訴訟代理人が準備書面を書き終えた段階の真実と。

裁判所は、その真実の中から書き易く、そして高裁でも逆転しない理屈の通った説得力のある判決を書く。説得力を持った文章を書くことについて裁判官はプロだ。

そして、弁護士は、2つの真実を作り出すプロだ。

――だから、判決の予測は不可能なのだ。

# 第14　利益相反行為と税理士

「税理士は、誰の代理人と明示することなく、利益相反関係にある遺産分割協議書の作成に関与する」。税理士をこのように非難する弁護士がいる。

しかし、利益相反行為規定こそが問題なのだ。

利益相反行為の禁止規定は、弁護士が守らなければならない最も重要な規範だろう。弁護士法25条では、依頼を受けた、あるいは相談を受けた事件について、その事件の相手方からの委任を受けることを禁止している。

極めて当然の規定だが、これが弁護士を仲裁者の立場から遠ざけてしまっている。もし仮に、依頼者の利益をほんの少し譲り、相手方の利益を守ったとしたらどうだろう。弁護士は、その行為について依頼者への弁明が必要になってしまうはずだ。

それを避けるためには、一方的に依頼者の利益を主張し続ける方が安全だ。そして、それが相手方の立場を無視するという結果に繋がることは、必然の理だろう。

つまり、利益相反行為規定は、依頼者の利益を守る以上に、弁護士を守る規範として機能しているわけだ。

だが、それでは仲裁者は務まらない。遺産分割協議を典型として、弁護士が登場すると紛争は揉めてしまうと言われる所以だ。

一方が弁護士に依頼すれば、当然、他方も弁護士に依頼するだろう。そして、双方の弁護士が、共に自分の依頼者のために１００％の利益を主張する。

仮に、自分の弁護士が80％の利益しか主張しなかったら、誰も自分の弁護士を信用しなくなってしまう。その依頼人の期待に応えるために、弁護士は時に１２０％の権利を主張しなければならない立場に追い込まれる。それが弁護士の宿命なのだ。

それに対して税理士には利益相反行為規定がない。だからこそ、複数の相続人からの依頼を受けて、全員の利益を守るという立場で仕事をすることができる。遺産分割協議のアドバイスや、相続税の申告書の作成だ。

家庭には、法律も弁護士も、裁判所も入れない。

それを提案できる立場にいるのは、相続人全員の利益の擁護者である税理士だけなのだ。

## 第15　1つのミスで5つの課税

Aは、建物のみを同族会社に譲渡し、敷地は相当の地代で同社に賃貸することにした。その後Aが死亡し、時価1億円と評価される敷地は、Aの遺言によって建物を所有する同族会社に遺贈された。ところが、この遺贈に対して相続人から遺留分減殺請求がなされ、結局、同社は4000万円の価額弁償金を支払うことになった。

これは最高裁平成4年11月16日判決を単純化した設例だが、仮に、遺言書が存在せず、法定相続人が敷地を相続していれば、相続税評価額から基礎控除を差し引き、相続税額はゼロで完了する事案だった。しかし、遺言書を作成し、法人に遺贈するという処理をしたために、次の5つのミスを発生させてしまった。

第1のミスは、被相続人に対して課税される譲渡所得課税だ。法人に対する遺贈には、資産を時価で譲渡したとみなす所得税法59条が適用されてしまう。第2のミスは、受遺者に対する法人税の課税だ。法人を受遺者とする遺贈には、相続税ではなく、法人税が課税されてしまう。

第3のミスは、これら課税関係について相続税評価額が利用できず、実勢価額による課税が行われてしまったことだ。

さらに第4のミスは、その後に行われた遺留分減殺請求だ。法人は時価1億円の土地を取得したが、結局は価額弁償金として4000万円を支払うことになったのだから、差額の6000万円の利益しか受けていない計算となる。しかし、遺贈を受けた事業年度と、その後に価額弁償金を支払った事業年度が異なるために、1億円の益金に対して課税された法人税について、更正の請求は認められなかった。

そして第5のミスは、相当地代によって賃貸していた土地について、20％相当の評価減が受けられなかったことだ。20％相当の評価減は、借地人による使用制限を理由とする減額だから、借地人自身が土地の遺贈を受けた場合は減額の必要がないと裁判所は判断した。

「法人に対して遺贈する」

たった1つのミスが、結局は5つの不利益と、所得税更正処分取消請求事件、それに法人税更正処分取消請求事件という2つの裁判を引き起こしてしまった。

税法に限らず、法律行為は常にミスと背中合わせだが、1つのミスが5つの実害を生じさせてしまうほど過酷な法律が、税法以外に存在するだろうか。

## 第16 立法趣旨は歴史が語る

自己株式には4つの時代があった。

第1時代は、自己株式は会社にとって資産（借方）であり、株主にとっては譲渡所得の時代だった。第2時代は、会社にとって資産（借方）のままだが、株主にとっては配当所得になり、第3時代では会社にとって資本の払戻し（貸方）になった。

そして第4時代ではグループ法人税制が導入され、第3時代に加えて、親会社における株式譲渡損の計上が禁止され、自己株式として譲渡することを予定して取得した株式については、配当の益金不算入が制限されることになった。

なぜ、このような改正が必要だったのだろうか。

それが、改正経過が語る税法の立法趣旨なのだ。第1時代では自己株式の譲渡は譲渡所得課税の対象になり、配当所得課税を免れることができた。それを防ぐために第2時代に入ったのだが、第2時代では会社自身が自己株式の譲渡損を計上してしまうという節税スキームを防止できなかった。

平成13年9月30日　平成18年3月31日　平成22年10月1日

| 第1世代 | 第2世代 | 第3世代 | 第4世代 |
|---|---|---|---|

つまり、支配株主から原則的評価額で買い入れた自己株式を、配当還元価額で社員持株会に譲渡して譲渡損を計上するという節税策を許してしまったのだ。

そのために第3時代に入ったのだが、この時代には自己株式の譲渡による配当所得（益金不算入）と、株式譲渡損の両建てという節税スキームが実行されてしまった。そして、それを防止するものとして第4時代に入ったのが現在だ。

民法などの一般的な法律の学習は、まず立法趣旨から始まる。例えば、時効制度の立法趣旨は、①長期に続いた現状の保護、②証拠書類の保存の難易、③権利の上に眠る者を救済しない——の3点とし、その後に各々の時効制度について要件を学ぶ。

ところが、税法は要件から説明され、要件で終わってしまう。しかし、税法にも立法趣旨が存在するのだ。そして、その立法趣旨は、税法の改正の経過で語られる。

しかし課税庁は、それが納税者との戦いであり、さらに次の節税策のヒントになってしまうことから、その立法趣旨を語らない。

なぜ、税法が改正されたのか。それが、税法の立法趣旨を探り当てるための手がかりになる。その手がかりを利用し、真の立法趣旨を探り当てるのがミステリーとしての税法なのだ。

# 第17　取引の社会

米国のミステリー小説を読むと、検察官と被告人側の弁護士が司法取引をしている場面が登場する。罪を認めるかわりに、計画的な殺人である謀殺を単純殺人に引き下げ、検察官と弁護側の取引が成立する。

なぜ、検察官は、起訴せず、弁護側と取引をするのか。有罪の確証があるなら、起訴してしまえば良いではないか。

この理由を知るためには、日本の税務の現場と比較してみれば良いと思う。

課税庁は、否認事項については更正処分をし、不満があるならば、異議申立でも、税務訴訟でも、好きに手続を取れば良いという対応はしない。

納税者と税理士の理解を得るべく最大限の努力をし、一部の否認項目を取り下げてでも、納税者の納得を得た課税処分を目指すのが課税庁だ。

なぜか。

これは米国の刑事裁判と同じだと思う。事実関係を一番に良く知り、税法という共通言語を用いる専門家が話し合い、お互いの主張を理解した上で、妥協できる範囲内の和解をする。これが一番に正しい方法だと知っているからだ。

もちろん、そのような解決策が取れない事案も多い。未だ解明されていない理論を含む事案や、事実関係について当事者の認識が異なる事案などがそうである。しかし、多くの訴訟事案は、現場での和解の努力を怠ったが故に出現しているように思える。

訴訟になれば、当事者がどんなに有利な事案と認識していたとしても、どちらの主張が認められるかは五分の勝負であり、勝訴の確率は2分の1でしかない。

税務の現場には、課税庁と税理士にしか通じない共通言語があり、裁判所には、裁判官と弁護士にしか通じない共通言語がある。「書証の成立は認めます」「証拠書類に同意します」という言葉のやり取りを一般人が理解することが可能だろうか。同様に、「借家権控除」「59条によるみなし譲渡課税」「認定利息」などの言葉を理解できる人達が、税務業界以外に存在するだろうか。

税務の現場での取引を、法律に基づかず、不明瞭だと批判する人達がいる。しかし、現場での取引は、米国の刑事裁判と目的を同じにする優れた制度だと位置付ける方が正しい理解だと思う。

## 第18　負担付贈与通達の存在意義

バブル華やかな平成元年に登場した負担付贈与通達だが、この通達にはドラマがある。まず、何のための通達だったのだろうか。財産評価基本通達に対する特例として導入された通達だから、これを贈与税の通達と理解するむきが多いだろう。

たとえば、時価10億円の土地を借入金で購入し、それに相続税評価額6億円相当の負担を付けて息子に贈与してしまう。そうすれば4億円相当の相続財産が圧縮できてしまう。これを防ぐため、負担付贈与の場合は、贈与財産の価額を実勢価額で評価することにした。

しかし、この弊害は、相続の場合も同様である。10億円の現金、あるいは借入金で土地を購入した場合は、その土地の相続税評価額が6億円であれば、負担付贈与を行った場合と同様に、4億円相当の相続財産の圧縮が可能になってしまう。なぜ、負担付贈与についてのみ、実勢価額を採用することにしたのだろうか。

実は、負担付贈与通達は、贈与税の節税防止のために導入された通達ではなく、所得税の節税防止のために導入された通達なのだ。10億円で取得した土地を6億円で譲渡し、4億円の譲渡損を計上する。そして、その損失を、事業所得などの他の所得と通算してしまう。そのような節税防止のために導入されたのが負担付贈与通達なのだ。所得税法59条は、時価の2分の1以上の価格での譲渡について、その価額での譲渡を認めると明言している。いくら課税上の弊害があるとしても、通達で法律を改正することはできない。そこで、相続税評価額の問題として理屈を構築したのが負担付贈与通達なのだ。

しかし、土地の譲渡損を作り出し、他の所得と通算することを禁止する趣旨であれば、平成16年1月1日以降、土地の譲渡損と他の所得との通算は禁止されている。仮に、これが相続税の節税、つまり相続財産の圧縮禁止を目的とした通達だとしても、同15年1月1日に導入された相続時精算課税によって相続税評価額での贈与が実行可能になってしまっている。

バブルが崩壊し、かつ、土地の譲渡損の通算が禁止され、さらに相続時精算課税も導入され、もはや存在価値を失った負担付贈与通達なのだが、なぜか廃止されない。アパートを贈与する場合にも、敷金について負担付贈与になってしまうなど、うっとうしい。

負担付贈与通達が、所得税の節税防止ではなく、相続税の節税防止のために導入されたという誤解が、この通達の廃止をためらわせているのではないだろうか。

# 第19　6親等の親族

法人税、それに相続税では6親等の親族を同族株主としている。この「6親等」という区切りに何らかの意味があるのだろうか。3親等の甥姪、4親等の従姉妹までは特定できたとしても、その次の5親等、6親等の親族は、特定さえできないのが一般の付き合いではないだろうか。

さらに、6親等は、自分を中心にして判定するのではなく、誰かを中心にして判定することになっている。つまり、彼（株主）から右に6親等の距離にあるA氏と、左に6親等の距離にあるB氏の持株は合計されて同族判定に含まれてしまうのだ。この場合のA氏とB氏の距離は12親等になる。

6親等は民法725条（親族の範囲）を根拠としている。6親等内の血族、配偶者、3親等内の姻族を親族としている条文だ。では、民法上の争いで、6親等の意味内容、あるいは範囲が争われ、議論されることがあるだろうか。皆無である。

民法上、意味のない6親等が、法人税、それに相続税の場面だけで生き残っている。まさに、古代魚として生き残っているシーラカンスのような存在だ。

そして、この6親等は、いくつもの悲劇を生んでいる。

たとえば平成11年2月23日最高裁判決の事案である。36％の株式を所有する中心的な同族株主（経営陣）がいる会社について、経営陣から5親等の距離にある相続人が株式を相続し、持株割合が7・4％になってしまった事案について、裁判所は、これに原則的評価方法を適用することに合理性があると判断した。納税者は、仮に、配当で相続税を納めるとしたら２００年を要すると主張したが、その訴えは認められなかった。

昭和の時代は、創立者自身の相続だった。そのため、相続人は当然に全員が家族であり、原則的評価方法で株価が算定されることに何の疑問もなかった。しかし、平成の相続は、2代目、3代目の相続であり、株式は親族の間に分散してしまっている。

同族認定回避の自己防衛策としては、分割後の株式を5％未満とすることであるが、そのような自己防衛が必要になること自体が、既に、6親等を基準とする法人税法や財産評価基本通達が時代に遅れている証左である。

6親等の基準を廃止し、株主の配偶者、直系血族、兄弟姉妹および1親等の姻族を構成員とする中心的な同族株主を、同族判定の基準にするなど、同族株主の定義を時代に合わせるべきではないだろうか。

# 第20　三段重ねの名義変更通達

「名義変更等が行われた後にその取消等があった場合の贈与税の取扱について」という通達がある。そして、「『名義変更等が行われた後にその取消等があった場合の贈与税の取扱について』通達の運用について」という通達の通達がある。

さらに、これらの通達の前提となるのが相続税基本通達9―9の「財産の名義変更があった場合」という通達だ。

これらの通達は、贈与についていくつもの救済手段を提供している。例えば、「贈与契約が法定取消権又は法定解除権に基づいて取り消され」た場合は「その贈与はなかったものとして取り扱う」としている。

法定解除に、合意解除は含まれないが、契約で定めた約定解除権は含まれる。だから、不確定要素のある贈与契約には、あらかじめ解除条項を付しておくべきだろう。

では、合意解除の場合はどうだろうか。贈与契約の「解除があった場合において」も贈与税は課税される。しかし、合意解除に基づき「贈与に係る財産の名義を贈与者の名義に名義変更した場合」は贈与として扱わないとしている。往路には課税されるが、復路には課税しないとしているのだが、さらに、これら通達には、往路にも課税しないという特例も準備されている。

解除が贈与税の申告書の提出期限までに行われた場合で、贈与財産が受贈者によって処分されず、受贈者が贈与財産の果実を収受していない場合、あるいは収受している場合であっても、果実が贈与者に返還されているときは、税務署長は、贈与はなかったものと扱うことができるとしているのだ。

逆に、取消権の行使が租税回避に使われないように、詐欺や脅迫による取消権（民法96条）や、夫婦間の契約取消権（民法754条）、未成年者の行為の取消権、履行遅滞による解除や法定解除については、「解除権の行使が相当と認められること」という制限を設けている。

このような三段重ねの通達が準備されているのは、贈与税の課税事案は、相続税法の無知から行われることが多いという現実があるからだ。無知から行われた贈与なら、それを取り消せば贈与税を課税しないことにしよう。

それが三段重ねの通達が置かれている理由であり、税務の現場は常識で運用されていることを示す一例だと思う。そして、税務の専門家は、税法のみではなく、税務通達にも通じていることを必要とする一例でもある。

## 第21　義務教育で「簿記」を

簿記という技術は素晴らしいと思う。

銀行から3億円を借り入れ、利息６００万円と抵当権の登記手数料32万円を支払い、1億２０００万円を従前からの借入金の返済に充て、８０００万円を定期預金にし、その残りを支払いに充てるために当座預金に入金した。

このような処理は、簿記を学習した者なら、借方と貸方に区分しながら理解し、検算まで終えてしまうことができる。

これが簿記を知らない弁護士の場合だったらどうだろう。

紙に数字が打ち出される卓上計算機のように、縦に計算し、残高を算出する。そして、答えが合っていることを確認するために、2度の計算が必要になってしまう。

簿記には借方と貸方という言葉がある。

この借方と貸方という共通理解のあるところでは、この言語で会話ができてしまう。

例えば、相続の単純承認、限定承認、相続放棄を説明しようとすれば次のようになる。

「相続の単純承認は、父親が所有する借方の資産と、貸方の債務の全額を承継する手続です。限定承認は違います。限定承認は、父親が所有する借方と、借方の限度で貸方の債務を承継する手続です」。そのため、「借方が500万円で、貸方が800万円の場合は、500万円の限度で、貸方の債務を承継します。相続放棄は、借方と貸方の両方を、放棄してしまう手続です」。

恐らく、この説明は、弁護士が行う限定承認の説明よりも分かりやすいと思う。

経済は、全て、借方と貸方で成り立っている。

借方は実物資産であり、貸方はその資産を獲得するための資金の提供者であり、出資者が保有する資本の部なのだ。そのことを経済、あるいは家計を管理する人達が理解していたら非常に役立つ技術になると思う。

そして、簿記の技術は数学に似て、その理屈は中学生でも理解可能だ。仮に、中学の義務教育に簿記を採用したら、その後、一生役立つ知識になる。

さらに、簿記の知識の裾野が広がることは、税理士業界の地位向上のためにも好ましいことだと思う。日本税理士会連合会には、ぜひ「義務教育で簿記を教える」という運動をしてほしいと思う。

## 第22　和解に応じるか

「和解に応じるか」

これを依頼者が納得するように説明するのが難しい。

たいてい、弁護士は法律解釈を説明する。裁判で明らかにすることができた事実関係と証拠の確実性、問題になる法律上の争点と、判例や裁判所の判断傾向などだ。

さらに、訴訟中における裁判官の対応や、相手方の態度。そして、勝訴判決を得た場合の執行財産の有無、あるいは敗訴した場合のリスクなども説明するが、このような法律解釈の説明では依頼者には30％の内容しか理解してもらえない。

今まで法律的な思考をしたことがない一般の人たちは、いきなり法律要件を並べられても、それを理解することは不可能だろう。

さらに、その法律要件の実現可能性とリスクについての不確実性を説明されても、そこで法律を実感として理解することは相当に困難だろう。

「血糖値が高く、血圧も高いので、入院と手術が必要だ」と医者に言われた場合と同じだ。説明している言葉の意味内容は分かるが、それが入院と手術を必要とする症状であることは理解できないし、手術の危険性を説明されても、それを実感として理解することは不可能だ。だから、紛争を解決するには、このような法律解釈だけではなく、これに加えて当事者自身の生活実感での検証が必要なのだ。

1つ目は、心情的、あるいは経済的に和解を受け入れることが可能かという「結果」の検証だ。その金額を支払うこと、あるいはその金額で妥協することが、自身の生活に与える物理的な影響だ。

2つ目は、そもそもの事件自体の「原因」の検証だ。仮に、遺留分減殺請求に例えれば、そのような遺言書が書かれ、それに対して遺留分減殺請求という訴訟が起こされたことについての自己の人生における位置付けが必要になる。

そして、可能であれば、そこに弁護士に対する信頼が追加され、やっと100%になるのが和解という解決策についての位置付けなのだ。

法律解釈のみに頼り、それが法律上は有利だとして、依頼者の心情を理解せず、和解による解決を押し付けてはいないか。これは、弁護士として留意すべき一番重要な視点なのだ。

## 第23 六法という法律

六法をご存知だろうか。憲法、民法、商法（会社法）、刑法、民事訴訟法、刑事訴訟法――この6つの法律のことだ、これを家庭に例えると次のようになる。

兄が弟からお金を借りた。

これは金銭消費貸借であり、民法587条が適用される。

弟は、兄に返済を請求したが兄は返済せず、弟を殴った。

これは暴行罪であり、刑法208条が適用される。

弟が泣き出し、驚いた母親が飛んできた。そして、「お兄さん、お父さんに叱ってもらいます」と怒った。これは商法（会社法）の問題だ。商法（会社法）は、商取引の法律ではなく、会社の誰が決定権限を持ち、誰が役割分担をするかなど、誰が偉いかを決めている法律なのだ。そして、家庭では父親が社長だ。

父親が帰宅し、兄を叱り、問い詰める。そして、お金を返すように命じる。

これが民事訴訟手続だ。証拠と証言に基づき、民事上の紛争について判決を書く。

さらに、「弟を殴ってはダメではないか」と兄を叱り、頭をゴツンと叩く。これが刑事訴訟法だ。兄弟間でお金の貸し借りをしてはならない。そのように父親が説教するが、それが家訓であり、国にとっては憲法でもある。

さて、このような6つの法律で家庭は維持できるだろうか。

ここには基本的なところが欠けている。家庭がこのように収まるためには、父親の働きが必要だ。父親が会社に勤め、あるいは商売をして収入を得てくれるから、家庭は維持される。

それが国の場合は税法なのだ。

国は、裁判所という紛争解決窓口を準備し、警察官や検察官を手配し、国民の治安を確保している。これらは六法の適用場面であるが、しかし、それだけでは国は維持できない。

国にとって、一番に重要なのは、それらシステムを維持するための税収なのだ。

父親が家庭の心配をすることなく外で働けるように、家庭内の秩序がある。国の秩序を維持するための裁判システムなどは、税収に滞りが生じないように行う国の行政サービスにすぎない。国にとって、本当に必要な法律は、六法には含まれていない税法なのだ。

そのように言い切ってしまったら、言い過ぎだろうか。

## 第24 カッサンドラの予言

専門家は、日々、依頼者へのアドバイスをしながら生活をしている。しかし、そのアドバイスは両刃の剣であり、結果が出たときに非難の声が返ってこないとも限らない。いや、常に、非難の声を呼ぶと言っても過言ではない。

仮に、賃貸ビルの建築をアドバイスした場合であれば、ビル経営が順調な場合には、その後、誰も専門家のアドバイスを思い出すことはない。しかし、賃貸ビルに空室が目立ち、遂にはビルと共に自宅を処分することになったときには、アドバイザーは非難の的になる。

さて、話は変わり、ギリシャ神話の時代。

トロイアの王女カッサンドラは、アポロンに愛され、アポロンから予言能力を授かった。しかし、その予言の力で、アポロンの愛が冷め、自分を捨てて去ってゆく未来が見えてしまった。そこでアポロンの愛を拒絶したのだが、それに対してアポロンは、「カッサンドラの予言を誰も信じない」という、新たな呪いを加えてしまった。

その後、カッサンドラは、イリオス市民がトロイアの木馬を城内に運び込もうとしたときに、国の破滅につながると予言したのだが、誰も信じず、トロイアは滅んでしまった。

専門家の予言は、常に、カッサンドラの予言なのだ。

仮に、賃貸ビルの建築に反対し、それが聞き入れられた場合には、倒産という事態には至らず、誰もアドバイザーには感謝しない。予言が当ったとは誰も考えないのだ。しかし、アドバイスを聞き入れず、ビルが建築され、家が滅んだ場合なら、アドバイザーの予言は当ったことになる。

現代のカッサンドラを演じるのがアドバイザーなのだから、予言者としてのリスク管理が必要になる。つまり、長期間の影響を与えるビル投資や、相続税対策をアドバイスするときには、因果関係を切断しておくことが必要なのだ。

相続税の節税のためには賃貸ビル投資が有効だとアドバイスをするのと同時に、将来は予見できず、空室リスクもあるので、最終判断は本人が行う必要があると、そのアドバイスと結果との間の因果関係を切断しておく。そうすれば、予言が当った場合でも、外れた場合でも、予言者が非難を受けることはない。

良いアドバイスは忘れられ、悪いアドバイスだけが非難の対象として残る。

その防止策を教えるのが、紀元前１２００年のカッサンドラの予言なのだ。

## 第25 事件に登場するのは、人

弁護士は法律相談を受ける。もし、事件が法律問題なら、法律相談は3分で終わってしまうはずだ。法律の専門家である弁護士が判断するのだから、黙って座ればぴたりと当たる。裁判になれば、これに加え、裁判官まで登場するのだから、まさに、黙って座れば正しい判決が出てくるはずだ。

しかし、トラブルの解決は、それほどには容易ではない。

なぜか。

事件に登場するのは、法律ではなく、人だからだ。

当方側の当事者と、相手方の当事者の2人が登場し、双方の思考過程と価値観の摺り合わせが必要になる。

つまり、二元方程式の解を求めるのが弁護士の仕事になる。

それにプラスして、それぞれに弁護士が付き、裁判官まで加われば、5つの価値観の摺り合わせが必要になる。五元方程式になってしまうわけだが、トラブルを専門とする弁護士でも、変数が多すぎて解を求めるのは相当に困難だ。5人のプライドと価値観を変数にした5つの式を立てなければ解が求められない。

そして、事件を持ち込まれた弁護士は、紛争を自分の専門知識である法律で解決しようとする。依頼者も、それを求める。それが弁護士の存在価値でもある。

しかし、そのことが、依頼者にとっても、相手方にとっても微妙なズレを生じさせてしまう。そして、そのズレが事案の解決を難しくしてしまう。

彼らのこれまでと現在の人生において、法律には1%の存在価値もなかった。日常の生活において、民法などを一度も考えることなく、生活の99%は法律と無縁のところで生き、意思決定を行ってきた。それを、全て、法律で判断すること自体が無理なのであって、内臓の全てを人工臓器に入れ換えるのと同様に、命は続くかもしれないが、食欲などの微妙な調和は壊れてしまう。

事件に登場するのは人なのだ。

だから、法律のアドバイスは1%に止め、99%は人を見る視点を提供する。そして、登場する当事者の数を可能な限り少数に止める。

弁護士に依頼し、訴訟手続に頼る手法は、いたずらに当事者の数を増やし、事件を複雑化してしまうだけの無駄な手段と自戒すべきが、日々、法律とは無縁の平穏な生活を続ける生き方のコツだと思う。

## 第26 取引相場のない株式の時価

取引相場のない株式については財産評価基本通達が詳細な定めをおき、所得税基本通達59―6や、法人税基本通達9―1―14が、この評価方法を援用している。

そして、通達の評価方法は、税務の分野では唯一絶対のものであり、それ以外の評価方法は認められない。

これが土地の評価であれば、取引当事者が納得して合意した価額は、それが身内間の取引である場合を除き、適正な時価とみなされる。なぜなら、市場で成立する価額こそが、時価だからだ。

しかし、取引相場のない株式については、そのような発想は採用されていない。仮に、第三者間の取引であったとしても、通達評価額と異なる価額は、時価とは認められないとするのが税法の基本的な考え方だ。

例えば、法人税基本通達9―1―13は「売買実例のあるもの」については「売買の行われたもののうち適正と認められるものの価額」としているが、この通達が適用された事例を聞かない。

なぜ、取引相場のない株式については、土地とは異なる思想が採用されているのか。それは、取引相場のない株式の時価という概念自体が、自己矛盾だからだ。

近代経済学には価値論は存在せず、全てが価格論であり、市場で成立したもののみが価格だ。

ところが、取引相場のない株式には、当然のことながら市場は存在せず、従って価格も存在しない。

それに対し、土地には取引価額があり、仮に、間口狭小で、不整形地、さらに忌み地だという特殊な土地だったとしても、そこには真実の時価があり、不動産鑑定理論は、その真実の時価を求めることを究極の目的としている。

しかし、取引相場のない株式には、真実として追求すべき価額自体が存在しない。

では、財産評価基本通達による評価額とは何を示しているのか。これは、おとぎ話に登場する「白馬に乗った王子様」と同様にフィクションにすぎない。

しかし、フィクションであるからこそ、これを否定することはできない。フィクションを否定してしまったら、それに代わる評価方法は存在しないからだ。

課税の現場も、裁判所の判断も「おとぎ話」の上に構築されている。

それが取引相場のない株式の実務なのだ。

## 第27　資産管理の顧問税理士

最近、働く30年と働かない30年とを語ることが多い。

30歳から60歳までの働く30年と、定年後の働かない30年の人生設計を、どのように組み立てるかが、今後の人生の課題だからだ。

さて、『サザエさん』のお父さんの磯野波平さんは何歳かご存知だろうか。良いお爺さんを演じているが、まだ54歳なのだ。

『磯野家の相続』という本が売れたようだが、恐らく、あの本では波平さんは被相続人候補者として登場するのだろう。しかし、最近の相続では50代、60代は被相続人としてではなく、相続人として登場する。つまり、波平さんの時代に比較し、寿命が一世代分は延びてしまったのだ。

60歳の時点での男性の平均余命は83歳、女性の平均余命は88歳になっている。60歳の定年退職を迎えてから、30年の生活が残っているのが長寿化した現代社会なのだ。60歳までの30年間は事業経営、あるいはサラリーマンとしてのインカムでの生活だったが、60歳以降の生活にはストックが必要になる。

どのようなストックを蓄えるかは、働く30年のインカム生活の結果なのだが、さらに、そのストックを働かない30年間について、上手に保全し、生き残らなければならない。

しかし、その分野における万能薬は存在しない。仮に、アパート経営は有効か。アパートを新築し、成功している人達は、極僅かではないだろうか。自己所有地にアパートを建築した場合でも、空室を抱えてしまえば、最後には債務弁済のために自宅まで売ることになってしまう。そのような悲劇は探すまでもなく、どこにでも転がっている。

さらに、これらの悲劇は、相談する者がいないというところで悲惨さを増す。事業を経営し、あるいは企業に勤めている段階ならば、税理士などの専門家、あるいは隣の同僚の知恵を借りることができるだろう。しかし、リタイアした後には、そのように相談できる隣人はいない。

そこで活躍すべきは税理士ではないだろうか。今まで、税理士は、企業顧問だった。これからの税理士は、資産税についての顧問として、働かない30年間の平穏な生活を守り、さらに、可能であれば彼らの相続財産を上手に、次の60歳世代に承継させることが重要だ。

すでに相続人自身が、すでに働かない30年に辿り着いてしまっている長寿化社会なのだから。

## 第28 中心的な同族株主の時代

昭和時代の相続は、創業者の相続だった。だから、取引相場のない株式についての知識は、相続人が同族株主に属するか、あるいは、それ以外の少数株主に属するかの知識だけで十分だった。

しかし、平成の相続は、2代目、3代目の相続である。そこで必要になるのは、中心的な同族株主に属するか、あるいは中心的な同族株主以外の同族株主に属するかの知識だ。

これは相続開始後の遺産分割の知識であると同時に、相続開始前の株式の組替えにかかる知識でもある。だからこそ、中心的な同族株主の概念と、中心的な同族株主以外の同族株主の概念は、実感として理解しておかなければならない。

ここで注意すべきは、同族株主、さらには中心的な同族株主の判定は「誰かの傘」で判定するということだ。誰か、株主の1名が差

少数株主……配当還元価額

同族株主（議決権が５％未満）……配当還元価額

中心的な同族株主……原則的評価額

（配偶者，直系血族，兄弟，１親等の姻族の議決権合計が25％以上）

同族株主（６親等）

した傘の中に入る6親等の親族が所有する議決権の数を合計し、それが30%以上または50%を超えれば同族株主であり、同様に、誰か1名が差した傘の中に配偶者、直系血族、兄弟姉妹、1親等の姻族が所有する議決権の数が合計して25%以上になれば、その会社は中心的な同族株主がいる会社になる。

では、自分が中心的な同族株主に含まれるのか否か。その場合の傘は、自分が差した傘で判定する。

仮に、兄が差した傘の下には25%以上の議決権が集まる場合でも、自分が差した傘の下には20%の議決権しか存在しない事例は幾らでもある。兄と、兄の配偶者が各々20%の株式を持ち、弟が3%の株式を持つ場合だ。兄の傘の下には43%の株式が存在し、中心的な同族株主のいる会社に該当するが、弟の傘の下には自分と兄の23%の議決権しか入らない。そして、弟が持つ議決権は5%未満なので、その会社の役員でなければ、弟は無事に配当還元価額が利用できる。

通達は法律ではないと否定する人達がいる。しかし、その通達を知っているか否かで、依頼者の利益を守る天使にもなれば、依頼者に損失を与える悪魔にもなってしまうのが税理士という職業なのだ。

## 第29 ミニマックス戦略としっぺ返し戦略

税理士が税務署の課税処分に対して反論し、納税者の権利を守る。しかし、このような戦略は納税者の利益にはならない。そのことを教えてくれるのがゲーム理論であり、ミニマックス戦略だ。

税務署と納税者の戦いは、プレーヤーの利得を相殺すればゼロになる「ゼロサムゲーム」だ。ゼロサムゲームではミニマックス戦略を採ることが最も合理的であると、ゲーム理論の生みの親であるジョン・フォン・ノイマンが証明している。

ではミニマックス戦略とはどのような手法か。通常、プレーヤーは自分の利益を最大化する戦略を採用する。対してミニマックス戦略では、選択される手法の中で自分の損失を「ミニ（最小）」とする戦略を選択する。簡単に言えば、「勝つ」ことよりも「負けない」ことを考える戦略なのだ。

税務調査に例えれば、名義預金や名義株が指摘されたときには、反論ではなく、税務署が納得する妥協点を探すのがミニマックス戦略だ。ゲーム理論によれば、多数のゲームで実験した結果、利益の最大化を目指した者ではなく、ミニマックス戦略を採用した者の方が多くの賞金を獲得している。

この戦略は調査の場面で必要となるだけでなく、税務判断の場合でも有効だ。ある処理が認められた場合の成果を計算するのではなく、これが否認された場合の損失を数える。そして、その損失が耐えられる損失であるか否かを計算する。例えば、「分掌変更退職金の要件を満たすか」と考えるのではなく、「分掌変更退職金の要件を満たさなかった場合」を考えるのだ。「組織再編成の要件を満たすか」ではなく、「組織再編成の要件を満たさなかったらどうなるか」を考える。

勝つことではなく、負けた場合の損失を最小化する。それがミニマックス戦略だ。

さらに、ゲーム理論は「しっぺ返し（ティット・フォー・タット）戦略」が有効であることも教える。プログラムは「協調」から試合を開始する。それに対して相手が協調を返すなら、次の回も協調し、相手が裏切るなら、次の回は「裏切り」を返す。多くの実験の結果では「しっぺ返し戦略」は、どのプログラムにも大きくは勝たなかったが、最終的な獲得賞金はもっとも多かった。つまり負けたときの失点が最も少なかったのだ。

税法知識やイデオロギーで勝負するだけが現場ではない。

ミニマックス戦略としっぺ返し戦略こそが、ゲーム理論が教える勝利のための戦略なのだ。

## 第30　信じて託す

税理士の義務と責任は、依頼者との契約で決められる。

契約に違反し、損害を生じさせれば税理士の責任だが、契約に定めのない事項で責任を負うことはない。そのように理解しているとしたら、それは間違いだ。

患者と医者、依頼者と弁護士、依頼者と税理士の関係は、法律関係ではなく、信託関係なのだ。つまりは、「信じて託された関係」なのだ。

患者と医者との間には、圧倒的な知識量の差がある。そこには平等な当事者を前提にする契約関係は成立しない。

仮に、手術の必要性や、その場合のリスクを説明したところで、その実感は素人である患者には理解できない。だからこそ医者が必要であり、医学知識の存在価値があるのだ。

これは依頼者と弁護士との関係についても同様だ。

法律の内容や、裁判の実態、あるいは結果の予測を説明したとしても、それが依頼者に実感として理解されることは相当に難しい。さらに弁護士自身も、実のところ結果は予測できないと考えているだろう。これは税理士の場合も同様だ。

だからこそ、一般素人は専門家に事案の解決を依頼する。そして専門家は「信じて託された信頼」に応えなければならない。

インフォームドコンセントという言葉も誤解されている。依頼者に法律の適用関係や各々の手法のリスクを説明する。そして、その選択は依頼者に任せる。このように理解し、依頼者に説明し、判断を仰いだのだから自分には責任がないと言い出す専門家がいたら、それは無責任と非難されるだろう。

インフォームドコンセントは、何の説明も行わないまま、治療し、手術をする医者に対する戒めであって、医者を無責任にする手法ではない。

患者には自己決定権があるのだから、これから行おうとする治療方法について患者にも知る権利があり、その治療を受けるか否かについて患者として納得することが必要だ。

しかし、医者は、患者に説明し、その決定を患者に預ければ良いというわけではない。治療方針を決めるのは医者であり、その結果について責任を取るのも医者である。これは税理士の場合も同様だろう。

専門家が考えるべきは、「信じて託された信頼に応えているだろうか」という視点であり、リスクは説明したのだから自分の責任ではないと考えることではない。

## 第31　勝負をするなら税務の現場

「税法も法律であり、最終的には裁判所の判断が必要だ」

そのように論じる人達がいるが、これは空論だろう。

まず、税務調査の段階での是認率は6割を超える。10個の指摘事項があっても、その内の6個は今後是正するという約束で是認して貰えるのが税務の現場だ。つまり、現場の勝訴率は6割に及ぶ。

異議申立の場合はどうだろうか。課税処分を行った税務署が担当する手続きなので、さほど評価できないと主張する人達もいるが、これも間違いだと思う。

異議申立は、担当者を替えての再調査の手段と考えるべきだ。税務職員にも、税理士にも、相性がある。税務職員との間に軋轢が生じてしまうことがあるが、その場合は異議申立をして、課税庁側の担当者を替えてもらう。

そして、妥協できるところを見付けて、減額更正処分と引替えに異議申立を取り下げるという手続で処理を終える。ただし、課税庁が一度は判断した処分を取り消すには、それなりの重さがある。異議申立の勝訴率は20％を下回るだろう。

審査請求はどうだろうか。これも課税側の制度として否定する人達がいるが、それは違うと思う。審査請求を担当するのは税法のプロであり、税法の理屈が大好きという人達だ。

だから税法理論に反した裁決は書かない。理屈の通る主張であれば、審査請求で救済される可能性は低くはない。しかし、審査請求での救済は、国税のミスを認めることであり、税務署内での処理で終わる異議申立に比べれば、救済の道は狭い。審査請求での勝訴率は10％を下回るのではないだろうか。

最後に税務訴訟はどうか。これは幾つもの意味で期待できない。第一に、判断をするのが税法の素人である裁判官だということだ。さらに税務訴訟については和解が存在せず、仮に納税者が勝訴しても、控訴され、さらに上告され、最終的な結論がでるまでに数年を要するのが通例だ。

税務訴訟には弁護士費用と数年間の心労がついて回る。そして、多くの訴訟は納税者の敗訴で終わる。だからこそ、大事にしなければならないのが、税務の現場なのだ。税法という「共通言語」の世界だからこそ、妥協点が見付けられる。

日頃、税務訴訟の相談を受けることが多いが、感じるのは税理士の調査段階での努力不足だ。決して「税法も法律であり、最終的には裁判所の判断だ」という言葉に騙されてはならない。

# 第32　クリエイティブな相続

税理士が、相続と相続税の生前対策に登場したら、クリエイティブな相続が可能になる。

まず考えられるのは、『相続時精算課税』の利用だ。相続紛争を未然に防止するためには生前贈与が簡便だが、それを可能にしてくれるのが相続時精算課税だ。ただ、高齢者は可能な限り、財産を手放すべきではないと思う。財産を持っていてこそ大事にされるのが、親孝行の現実だからだ。

では、『信託』はいかがだろうか。子供達それぞれに相続させる予定の財産について、遺言代用信託の手法を用いて、信託譲渡し、管理権を引き渡してしまう。生前においては受益権は親に留保されるので、贈与税が課税されることはない。信託譲渡（移転登記）をしてしまうので、高齢な両親が詐欺商法で騙される心配もない。

さらに、相続税の節税対策を行うのであれば、『一般社団法人』はいかがだろうか。不動産管理の一般社団法人を設立する。管理手数料として、仮に１０００万円の収益を法人に支払うことにすれば、法人税を控除した後でも７００万円の内部留保を一般社団法人に溜め込むことができる。

それを10年間継続すれば７０００万円の内部留保になるが、一般社団法人には出資者がいないので、出資持分に相続税が課税されることはない。そして相続後には、子供達が一般社団法人から内部留保を原資として給与の支払いを受けることが可能だ。

相続後であれば『自己株式の買取り』が多様なスキームを提供してくれる。相続開始後3年10カ月以内の自己株式の譲渡として配当所得の特例を利用し、会社が所有する資産を遺産分割してしまう。自己株式の買取りの代価として、会社が所有する資産を株主（相続人）に譲渡してしまう方法だ。他の相続人に代償金を支払う必要があれば、自己株式の取得の代価として会社から資金を引き出すことができる。所有する株式の全てを会社に譲渡し、会社の経営権を従業員に譲渡してしまうことも可能だ。

生前の対策なら、『会社分割』はどうか。資産保有会社と事業会社に適格分割し、資産保有会社を妻に、事業会社を子に承継させることが可能になる。

ちょっとした工夫で、相続税申告という後始末的な役回りを、クリエイティブなドラマにできるのが、税理士の知恵なのだ。

# 第33　影響のない事件で納税者を勝たせる最高裁

最高裁は平成23年2月18日、武富士株式の生前贈与事件について1330億円の課税処分を取り消した。如何に巨額な課税処分であっても、最高裁は法律に基づいて判断し、納税者の権利を救済する。

思い返してみれば、最高裁はこの事件以外にも幾つもの事件で納税者に勝訴判決を言い渡してきた。

平成16年12月24日には日本興業銀行が行った解除条件付債権放棄について、これを損金と認めるという納税者勝訴の判決を言い渡して1500億円の課税処分を取り消した。さらに、平成18年1月24日にはオランダにある旺文社の子会社が行った第三者割当増資に関し、株式の評価額から法人税相当額を控除することを認め、平成18年10月24日にはストックオプション訴訟について、正当理由があるとして過少申告加算税を取り消している。さらに、平成22年7月6日には二重課税問題が問われた死亡年金事件でも納税者の主張を認めている。

まさに、納税者の主張を認める最高裁であり、納税者の強い味方が最高裁である。

しかし、それは本当だろうか。

最高裁が納税者を勝たせた事件を眺めてみると、共通した特徴があることがわかる。

つまり、その時代を背景にした事件であり、2度と発生しない事件だということだ。

唯一の例外が年金二重課税訴訟であるが、これには別の理由が見受けられる。つまり、平成22年2月に税務大学校の税大ジャーナルに掲載された『生命保険をめぐる相続税法および所得税法上の諸問題』と題する論文だ。この論文は、国の主張が間違いであって、課税処分が取り消されるべきだと論じている。課税庁のシンクタンクである税務大学校が自らの敗訴を提言するなら、最高裁がその理屈を採用しても不思議ではないし、採用すべきともいえる。

では、最高裁は、なぜ、課税の実務に影響を与えない事件でのみ、納税者を勝訴させるのだろうか。裁判所も社会の批判から自由ではない。弁護士制度を含め、裁判制度には大きな批判があり、ロースクール、弁護士増員、裁判員制度と、次々に制度改革が求められてきた。

その流れを食い止めるためには「裁判所は十分に機能している」ことをアピールしなければならない。それを行っているのが最高裁であり、そして、その流れを最初に演じたのが東京地裁行政部の藤山雅行裁判官だったのではないだろうか。

# 第34 予防法学

法律家は、昔から予防法学の重要性を唱えてきた。

なぜなら、トラブルが生じてしまった場合に比較し、予防法学であれば100分の1のコスト、100分の1の時間、100分の1の心理的ストレスで済むからだ。

では、予防法学をどのように実現するのかを、経験と実務から拾い出した幾つかのキーワードで紹介してみよう。

まず、「シンプル化」である。事案を複雑にする方向ではなく、シンプルにする方向で処理すれば、事案の本質が見通せるようになり、ミスが生じた場合の被害の程度も把握できる。

これは時代の流れでもある。

昭和の時代には、知識を駆使し、多様な対策を積み上げる手法が流行った。例えば、相続税対策のための従業員持株会の導入や、節税と有効利用を兼ねた賃貸物件の建築、さらには相続税対策の養子縁組などである。

しかし、平成になって求められるのは「シンプル化」だろう。分散してしまった株式を買い集め、借地や借家関係など権利が複雑になってしまった資産をシンプルな資産に組替え、分散してしまった事業を集約化する。相続税の節税を考えることよりも、無理のない納税資金の確保を考える。

「100点ではなく、60点を取る」

こちらが100点を取れば、相手はゼロになってしまう。税理士試験も60点で合格するのだから、人生において100点を目指す必要は無い。

「内容証明郵便よりも虎屋の羊羹」

仮に、相続について紛争が予想される場合に、内容証明郵便を発信すれば、対立は致命的になってしまう。そのような喧嘩腰の対応ではなく、菓子折を持っての挨拶の方が有効だ。

トラブルの解決は法務（法律）ではなく、営業の仕事なのだ。

「ありがとうございます。よろしくお願いします」

権利を主張しても、相手がそれに応じてくれるわけではない。

しかし、お礼を言われてしまえば、それに応じざるを得ないのが人情だ。交渉では「ありがとうございます」「よろしくお願いします」の二言以外は話さないことが肝要だ。

そして、何より大切なことは、「弁護士が登場しない処理を心掛ける」ことだ。予防法学において、弁護士の登場は最大のリスクであり、失敗事例なのだ。

## 第35 税務署長との合弁契約

事業経営と人生は、税務署長との合弁契約なのだ。

個人の事業者なら地方税を含めて最高で60％が税務署長の取り分になる。法人経営なら40％が税務署長の取り分で、人生の締めくくりの相続なら55％が税務署長の取り分だ。

税務署長の意向を無視した事業経営は、持分2分の1の共同経営者の意向を無視した事業経営に等しい。遺言書を作成する場合は、一番の法定相続分を持つ税務署長の取り分を最優先する必要がある。税務署長は、相続財産の内容を考慮することなく、現金での配分を要求する、わがままな相続人なのだ。

そして、税務署長はアメリカ生まれだ。

だから、交際費という日本的な習慣を認めない。

仮に、合弁契約で1000万円の所得を計上した場合でも、その事業に400万円の交際費の支出があれば、交際費を差し引く前の1400万円を基礎とする利益の配分を要求してくる。

仮に、遺産分割協議書のやり直しは可能か。

民法に従えば、当事者の全員が納得すれば、遺産分割を含め、全ての契約のやり直しは可能とされている。しかし、税法上は、遺産分割のやり直しは不可能だ。なぜなら、遺産分割の当事者には税務署長を含むからだ。

税務署長の了承が得られるのなら、遺産分割を含め、全ての契約のやり直しが可能だ。しかし、税務署長は契約のやり直しを嫌う。

契約書には甲と乙が登場する。

売主が甲で、買主が乙だ。

しかし、真実の契約書には、ここに丙（税務署長）が登場するのだ。

土地を1億円で売却する場合を想定してみよう。

乙（買主）は1億円を支払い、甲（売主）は8000万円を受け取る。差額の2000万円は丙（税務署長）の取り分になるのだ。全ての契約書には丙（税務署長）が登場するのだが、それが意識されず、甲と乙のみで契約を締結してしまう。

外国企業との合弁契約は大手の法律事務所が担当するが、税務署長との合弁契約は町の税理士が担当する。しかし、横書き（英文）の合弁契約に比較し、格段の完成度を誇るのが〝税法〟と名付けられた縦書き（和文）の合弁契約書なのだ。

事業経営と人生は税務署長との合弁契約である。

社長の隣に座る税務署長の存在を忘れてはならない。

# 第36 税法解釈には幅がある

税務調査を受けたが、指摘事項が無く、是認で終わった。

そのような調査の結果は、税理士の失敗事例だろう。

事実認定と法律解釈には幅があり、適正な申告にも幅がある。

その幅の範囲内で、納税者に一番に有利な処理を行うのが、税理士の存在価値なのだ。

しかし、そのような単純な価値観であっても、実務において実現しようとすれば、難しい判断を強いられることになる。

例えば、次の事例だ。路線価額で計算すると評価額は８０００万円になるが、実勢価額で評価すれば４０００万円にしかならない土地について、実勢価額に基づく相続税を申告した。

それが否認され、路線価に基づく課税処分がされたが、訴訟手続の結果、６０００万円を正当とする判決が確定した。

納税者も、課税庁も、共に２０００万円の間違いがあったのだが、過少申告加算税とい

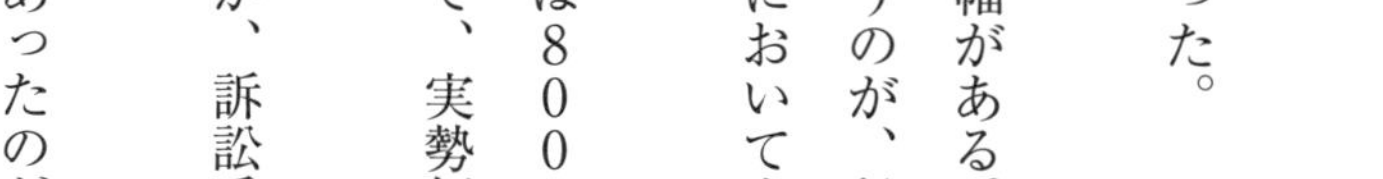

うペナルティを負担するのは納税者のみなのだ。

　これでは公平とはいえない。そのために税理士は、次のような安全策を講じる。仮に、路線価8000万円に基づく相続税を申告し、その後に4000万円への減額を求めて更正の請求をする方法だ。

　しかし、この方法は間違いだろう。

　課税庁の判断は五分五分ではなく、七分三分で決まるからだ。七分の可能性がなければ更正処分をせず、七分の可能性がなければ更正の請求を認めない。つまり、更正の請求の方法では、四分の中間領域は救済されないことになってしまうのだ。

　では、どうすべきか。当然、自分の信じるところに従った勇気のある申告をすることだろう。安全第一として、路線価8000万円で申告すれば、実勢価額との差額についての相続税（仮に1000万円）が確定してしまう。

　しかし、自分が信じる評価額で申告し、それが是認されれば1000万円の節税効果が得られる。そして、それが否認されても100万円の加算税の損失でしかない。

　つまり、賭け金を100万円とし、賞金を1000万円とする七分三分の賭けなのだ。税理士が自分の保身を考え、無難な処理をするようになったら、税理士としての存在価値はない。

## 第37 「カネ」についての幾つかの視点

あえて「カネ」と表現させてもらうと、そのカネをめぐる悩みが持ち込まれるのが法律事務所だ。カネを持ち過ぎるが故の悩みと、カネを持たないが故の悩みだ。

いつもカネについての悩みを聞いていると、カネについての幾つかの視点が見えてくる。その視点を紹介しようと思う。

まず、「カネは払うために稼ぐ」という視点だ。

美味しいものを食べ、良い衣服を着て、快適な住まいに住む。そのためにカネを稼ぐという考え方ではない。カネは、カネで済ませられるトラブルを、カネで済ますために稼ぐものだ。

仮に、借家人が賃料不払いをする。

そのような時には、立退料を提供し、できるだけ早く退去してもらうことだ。そこで、カネを支払う義務があるのか、あるとして幾らを支払うのが正当かなどと、理屈や正義を振りかざしてはならない。立退きが遅れ、不払いの家賃が、日々、積もり重なって損をするのは家主ではないか。その損失を回避するためには、カネで済む話は、カネで済ませてしまうことだ。

次は、「リスク回避は手元のカネ」という視点だ。

原発事故で多様な損害が生じている。これが想定外だったと議論されているが、不毛な議論を重ねても意味はない。想定外の事故に備えるのが人生だ。仮に、東京なら富士山の噴火である。そのような事故に備えての対策は、手元のカネだろう。

「カネにカネを稼がせてはならない」と指摘することもできる。

仮に、ここに10億円のカネがある場合に、カネにカネを稼がせれば、それがゼロになってしまうこともあり得ないことではない。いや、たいがいの場合はゼロになるのだ。10億円のカネだからといって、それが12億円になる保証はない。逆に、一度はゼロになり、そこから積み上げていくのが投資された現金だろう。

そして最後に、「功利主義者はカネを残さない」という視点がある。

カネカネカネといつもカネ儲けを狙っている人達が、最後にカネを残すだろうか。

そのような因果関係はないように思う。逆に、カネ儲けの匂いを消した方が、信頼が増し、最終的な成功が近づくような気がする。依頼者をカネ儲けの対象としてみる視点は、相手にも露見してしまう。

お金、現金、通貨など、どの言葉も「カネ」という端的な表現には敵わない。

その「カネ」という汚い言葉を、如何に綺麗に使うか。

そこに、その人間の人格と人生観が表れる。

# 第38　要件事実、立証責任、書証

裁判所では真実が発見される。

もしそのように考えているのであれば、勘違いだろう。

それを説明するために、裁判所の判断過程を紹介しようと思う。

休日に百貨店に出掛けたところ、偶然、中学時代の友人に出会った。買い物に来たそうだが、彼は財布を忘れて困っていた。そこで私が、彼に10万円を貸したのだが、その後、いつになっても、彼は10万円を返済せず、挙げ句の果てに、自分は借りていないとまで言い出したのだ。

そこで私は、彼を被告として訴訟を起こした。金額の問題ではなく、正義と名誉の問題だ。裁判所では、原告は金銭を貸したと主張し、被告は借用していないと答弁する。

さて、ここで判決を書いて頂きたい。原告は貸付の事実を主張し、被告はその事実を否定している。それ以外の事実は存在しない。

判決を書くのは非常に簡単だ。この事案では原告の敗訴になる。なぜなら、原告は、10万円を貸した事実が立証できないからだ。借用書があるわけではなく、証言でしか立証できない。しかし、この種の訴訟では、証言に重きは置かれない。なぜなら、原告が10万円と言えば10万円、20万円と言えば20万円になってしまうような立証には、その価値がないからだ。

そして原告は敗訴するのだが、その結論に納得できる原告はいないだろう。そして裁判所に対し、「私は10万円を貸していないのに、貸したと敢えて嘘の訴訟を起こしたというのか」と苦情を言う。もし裁判所が苦情に答えたとしたら、原告に対して次のように説明するだろう。「原告が金銭を貸していないなどとは裁判所は判断していない。原告が、金銭を貸し付けた事実が立証できないと判断しただけだ」と。

裁判は、要件事実、立証責任、書証で成り立つ。要件事実は、特定の法律行為について、誰が、何を立証すべきかを決める裁判技術である。仮に、貸金請求なら、金銭を貸し付けた事実を立証すべきは貸主である。

全ての訴訟が、この訴訟ほど簡単なわけではない。だからこそ、原被告の代理人である弁護士と裁判官が、1年、2年と議論をすることが必要になるのが裁判なのだが、しかし、基本は、前述した要件事実、立証責任、そして立証は書証に限るというのが裁判の実務なのだ。

決して、裁判所で、真実が発見されるとは考えてはならない。

私は正しいのだから勝訴できるとも考えてはならない。

## 第39 最後通牒ゲームと独裁者ゲーム

「専門家は依頼者の役に立つべきだ」

この主張に反論はできないが、しかし、役に立ちすぎたが故に失敗した事例を数多く見てきた。

では、税理士に限らず、専門家はどこまで依頼者の役に立つべきなのだろうか。それを教えてくれるのが「最後通牒ゲーム」と「独裁者ゲーム」だ。

これは弁護士の例で考えると分かりやすい。弁護士がある事件を引き受けて着手金1000万円を受け取るとしよう。そして、これを後輩の弁護士に手伝って貰うのだが、その際に幾らの着手金を配分するか。

「最後通牒ゲーム」では提示された金額について、後輩が「ノー」と言ったときは、先輩弁護士もこの事件は引き受けられないという条件が付く。

さて、仮に、100万円と提示されたら、後輩弁護士は「イエス」と言うだろうか。合理的に考えれば後輩弁護士にとって100万円の利益ではあるが、彼は「ノー」と答えるそうだ。彼にとっては、自分が100万円で先輩弁護士が900万円を得る結果は正義ではないからだ。

次に「独裁者ゲーム」だ。「独裁者ゲーム」では後輩弁護士に拒否権はない。後輩弁護士には先輩弁護士から提示された金額で仕事を引き受ける義務がある。

先輩弁護士はこの場合、幾らの金額を提示するだろうか。実験の結果では先輩が提示する金額は300万~500万円になるという。実験が明らかにすることは、人間の行動原理は「利益」ではなく、「正義」ということだ。そして、その正義には「公平」という見返りが必要だということだ。

専門家にとって「正義」を満たす見返りは何だろうか。それは依頼者からの「感謝」であり、さらには働きに見合う「報酬」だろう。「感謝」を示さず、「報酬」を支払わない依頼者（独裁者）には「公平」の心がない。

アイデアと知識を積み上げて、あえて危険に挑戦したためにリスクが生じたときに、それを受け入れるだけの「公平感」を持ち合わせないのが、「感謝」を示さない依頼者なのだ。

それ相応の見返りがなければ、誰も相手に尽くさない。

さて、感謝してくれる依頼者だろうか。対価を支払ってくれる依頼者だろうか。こうした視点を捨てて、「専門家は顧客の役に立つべきだ」という信条を貫いても、専門家の努力は独り相撲に終わってしまう。

# 第40 不動産賃貸業は終わったビジネスモデル

不安の時代であり、かつ、長寿の時代の生活防衛は不動産賃貸業しか存在しない。そのような声を聞くが、不動産賃貸業は本当に有効な対策だろうか。

昭和の時代は融資には4％の利息がつき、6％のインフレと、10％を超える地価上昇が当たり前だった。その時代、仮に、3億円の現金を持っていたら、毎年10％近い目減りを経験することになる。しかし、7億円を借金し、10億円のビル投資をすれば、そのビルは翌年には11億円に値上がりしている。

昭和の時代の不動産賃貸業は、値上がり益と賃料のダブルインカムの投資手法だったのだ。

しかし、昭和62年に始まったバブル期と、その後のバブル崩壊から平成20年頃までの時代に、その実態は大きく変質する。

土地バブルの時代は都内全域でビル建築が行われ、賃貸物件が大量に供給された。だが、平成元年にビルを建築して、現在まで生き残っている地主はほとんど存在しないと思う。

大多数の地主は先祖から承継した土地と共にビルを手放し、そのビルを購入した人達がその時代の成功した家主となった。つまりは、平成以降の不動産投資は、失敗した家主の上に成り立った成功事例なのだ。

このような背景で不動産投資は勝者と敗者を生んできた。

さて、これからの時代、不動産投資を行うべきか否か。

その答は否だろう。ところが、不安と長寿化を時代背景に、賃貸物件への投資を進める広告が後を立たない。そんな広告に惑わされている人達に適切なアドバイスをすることが専門家の1つの役割だろう。

適切な——、とは「不動産賃貸業は既に終わったビジネスモデル」という視点だ。

新築のアパートならば、投下資本を取り戻すために15~20年を要することになる。仮に、手元の現金で建築するならば、その現金を20年にわたって消費した方が有効ではないか。

また仮に、これが借入金で建築するとすれば、20年間について空室リスクを抱え続けることになる。

もし、アパートの建築に使える土地を所有しているならば、それを売却したほうが、悠々自適な老後を過ごせるのではないだろうか。

賃貸業は10年先、20年先を見通すことが必要な難しい事業だ。時代背景を理解せず、昭和の発想、あるいは平成初期の成功事例を鵜呑みにし、賃貸物件が老後の助けになると短絡的な発想から人生を失った人も多い。そして、そのような助言をして、依頼者の人生を失わせた専門家も多い。

## 第41 笑いこそが万能薬

法律事務所には、多様なトラブルと悩みを抱えた人たちがやってくる。この人たちに、最後には笑って帰ってもらうのが私の仕事だ。

笑いには種類がある。イギリスのユーモア、フランスのエスプリ、アメリカのジョーク。ユーモアは自分を笑い、エスプリは他人を笑う。そして、その前提にあるのは知性なのだ。

イギリスの皇太子チャールズが「世界で二番目に古い職業についている私は……」と挨拶し、聴衆の大爆笑を受けたという逸話がある。なぜなら、一番に古い職業は売春婦で、二番目に古い職業が国王だからだ。イギリスのユーモアは自分を笑う。そして、ユーモアを理解するのに必要なのが知性だ。

米国の大統領だったクリントンと、その妻ヒラリーのジョークも有名だ。クリントン夫妻が故郷であるアーカンソーの田舎町をドライブ中、ひなびたガソリンスタンドに立ち寄った。そこで働いていたのはヒラリーの昔のボーイフレンドだった。クリントン大統領が言った。「ヒラリー、もし彼と結婚していれば、君は今頃、田舎のガソリンスタンドの女房だ」と。

それに答えてヒラリーは言った。「もし私が彼と結婚していたら、彼がアメリカ合衆国の大統領になっていたはずよ」。他人を笑うのがエスプリであり、そしてジョークなのだ。

しかし、日本では、笑いは不真面目な場面でしか語られない。テレビのお笑い番組であり、友達同士のダジャレだ。だが、本来は、笑いには知性があり、権力を皮肉る内容があったはずだ。それが政治風刺なのだが、日本では、皮肉、悪口と位置付けられ、風刺文化は消滅してしまった。

社会事象の理解には、斜めの視点、裏側の視点、批判の視点、俯瞰した視点が必要だ。そうしなければ狂信者になってしまう。複眼的な視点。それを可能にするのが、風刺であり皮肉なのだが、日本での笑いの地位は低い。

さて、法律事務所に持ち込まれるトラブルだが、その多くは、自分の視点から自由になれず、視野狭窄に陥ったことが原因になっている。「相手が悪く、自分は正しい」「自分が損をして、相手が利益を得ている」「ミスをしてしまい、多額の損害賠償請求が予想される」と。しかし、ちょっとした視点の転換で自分の幸運や解決策に気が付く。

それに気が付いて貰うのが事象を逆さに見る笑いの視点だ。こだわりを捨て、冷静な視点を取り戻せば事の解決は容易だ。事務所に来てもらった人たちには最後に笑ってもらう。

それが私の仕事なのだ。

## 第42 決断せずに流れを読む

「経営者に必要な素養は決断力」と語った経営者がいたが、それは間違いだろう。

先が読めれば、決断などする必要はない。

いや、そもそも決断をしてはならないのだ。

決断をしてしまえば、それが正しい確率は2分の1でしかない。そして、選択しなかった判断は経験できないのだから、自分の選択が正しかったのか否かは永久に検証できない。

必要なのは、決断をせずに流れを読むことだ。

では、どのように流れを読むのか。

自分の人生における必然性を読むことになるのだが、目の前を眺めただけでは、必然性の流れが読めないことがある。

その場合の対策は次の2つだ。1つは、自分自身の後ろに立って、自分自身の過去からの流れを見通すことだ。

「因果倶時」という言葉がある。

「今の自分を知りたければ、過去の自分に聞くがよい。将来の自分を知りたければ、今の自分を見ればよい」。

そのような教えなのだが、過去の判断の流れ着いた先に現在の自分がいる。高校時代のクラス会に行って気がつくように、誰の個性にも変わらない一貫性がある。その流れが見えれば、さらに、その先に流れる自分の未来が見えるはずだ。

それでも流れが見えないときは、流れが見えるまで判断を先送りすることだ。

「金持ち喧嘩せず」という言葉があるが、金持ちは「待ちの勝負」ができることをいうのだろう。貧乏人は、待つことができず、即、決断してしまう。

流れを読むためには、自分自身のこだわりを捨てることも必要だ。自惚れ、疑心暗鬼、過剰反応、思い込み、意地などのこだわりが、自分自身の判断力を失わせる。

さらに、自分では流れを作り出さず、状況が作り出した流れに乗ることも重要だ。自分が流れを作り出せば、そのこと自体が、その後の判断に影響を与えてしまう。

仮に、遺産分割の紛争を想定すれば、弁護士に委任し、調停を申し立てるという最初の行動を相手方の役割にしてしまうことだ。相手方が調停を申し立てたのであれば、その流れに乗って調停に応じることができる。家庭に法律と裁判所を介入させるという決断をすれば、その結果について、自分自身にもこだわりが生じてしまう。

待つことは辛い。

しかし、その辛さに耐えることが人生なのだ。

## 第43 民法と税法は学び方が逆

「税法も法律なのだから、条文から税法を学ぶべきだ」

そのような考え方をしているとしたら、それは税法を理解していない者の発想だろう。民法などの一般私法と税法は、学び方が逆なのだ。民法を学ぶ場合なら、民法学者が書いた書籍と同時に、条文を読めば良いと思う。例えば、民法相続編の最初の条文は「相続は死亡によって開始する」と書いてある。この意味は条文から読み取れる。

しかし、税法は違う。仮に、法人税法57条（青色申告書を提出した事業年度の欠損金の繰越し）の条文を読み、そこから概念を読み取ることができる者がいるだろうか。1項は7年以内の青色欠損金の控除、2項は適格合併が行われた場合の消滅会社と解散会社の欠損金で、3項は2項から除外される欠損金額であり、4項は合併存続法人の欠損金について定めてある。これが第10項まで続くのであるが、ではなぜ、消滅会社や解散会社の欠損金を他の会社が承継することができるのかと問われれば、その理屈は、この条文からは読み取れない。

理解するためには、条文が作られた理由を知らなければならない。つまり、税法の理解の順番は次のようになる。

まず、毎年12月頃から発表される翌年度の改正税法の情報を入手して、税制改正の議論を読み取ることから始める。その後、各出版社から提供される改正税法の概略を学習し、その後に改正される通達を読み、もし、改正法を取り込んだ質疑応答集が出版されれば、それを読んで改正税法の内容を確認する。そして、変更された申告様式、すなわち別表の記載をもって改正税法の最終確認をするのが税法の学習方法だ。

税法条文はどこにも登場しない。もし税法条文が登場するとすれば、その要件が「以上」なのか「未満」なのか「以下」なのかと、各々の制度の限界を知るために調べる場合に限られるだろう。これらの手続を踏まず、税法の概念を把握しないまま、税法上の条文からその意味内容を読み取ろうとすることは、国語学者であったとしても不可能だろう。

しかし、税法条文が不完全だというわけではない。概念を把握し、意味内容を理解した上で読むのであれば、税法の条文ほど完璧に概念を説明している法律は存在しないと思う。

民法とは学習の仕方が逆になる。このことを理解せず、税法条文を読まない実務家であることを恥じているとすれば、それは「税理士も法律家たれ」などという学者の言動に惑わされた勘違いにすぎない。

## 第44 遺言書を作成しよう

「遺言書など作成するものではない」

これが弁護士業をしている私の長年の考えだった。遺言書が作成されていたがための相続紛争は意外に多いのだ。

しかし、これは私の認識不足だったように思う。そもそも弁護士のところに持ち込まれる遺言書が悪いのであって、良い遺言書が弁護士のところに持ち込まれることはない。

では、良い遺言書とはどのようなものなのだろうか。それは、遺留分が確保された遺言書を作成することだ。

遺留分が満たされていない場合は、相続人は、遺留分減殺請求をすべきか否かの決断を迫られる。遺留分減殺請求をすれば、仮に５０００万円が手に入り、請求しなければゼロになる。そのような決断を相続人に迫る遺言書は良い遺言書とは思えない。遺留分減殺請求を行った、あるいは遺留分減殺請求をされたという負い目を作り出すという意味でも、このような遺言書は良い遺言書とはいえない。

「私の子どもたちは仲良しだ。なぜ、遺言書を作成する必要があるのか」

親が生存しているときには、それは親の財産であり、親の財産に口出しをする子どもたちはいない。しかし、親が死亡すれば、それは自分たちの財産だ。親の財産には無関心な子どもたちも、自分の財産となれば無関心ではないだろう。この状況の変化が、仲の良い兄弟を相続紛争の当事者にしてしまう。

「私は財産が少ないから遺言書を作成する必要はない」

しかし、財産が少ないからこそ必要なのが遺言書なのだ。仮に、何十億円の相続財産があれば、その分割は容易に行える。だが、自宅1つだけが財産という相続で相続争いが起きると、解決のしようがない。

子どものいない夫婦の場合も遺言書は不可欠だ。相続人に兄弟姉妹や甥姪が登場することになるが、甥姪とは縁が薄いだけに、請求には妥協がない。兄弟姉妹には遺留分がないのだから「全財産を妻に相続させる」という簡単な遺言書があれば全ては解決できてしまう。

同じ子どもたちでも、良く出来た子もあり、不出来の子もあるだろう。しかし、それを好き嫌いとして親が最後に書き残すのが遺言書ではない。

不出来な子だからこそ、相続財産を必要とするのだ。

親からの最後の贈り物になる遺言書が書けたら素晴らしいと思う。

# 第45 経験が生きる職業

「弁護士には経験が必要だ」

そう論じた弁護士がいたので、意地悪く、質問をしてみた。

「では、若手の弁護士が相手方についたときはラッキーと思い、経験豊かな弁護士が相手方についたときは困ったと思いますか」「勝訴率について、若手とベテランとで差異があると考えますか」

実は、多くの事件では、相手方に若手の弁護士がついた方が手強い。司法試験の受験生は、それが明日の試験に登場するかもしれないという熱意をもって、全ての判例を読み込む。

しかし、弁護士は新しく登場した判決について、「そのような事件を自分の事務所で引き受けることはないだろう。同種の事件が登場したときに読み込めばよい」という気の抜けた読み方しかしない。そして、受験時代に学習した古い判例についても、日々その記憶を薄れさせていく。受験時代の知識を思い返しながら仕事をしているのが弁護士なのだ。

しかし、税理士には経験が必要だ。税理士試験に合格した段階では、相続税の申告書を作成した経験もなく、取引相場のない株式の時価を計算したこともない者が大部分だろう。その後、税理士登録をして経験を積み重ねるとしても、10年の経験でいくつの相続事案を扱うだろうか。税理士10年の経験はヒヨコにしかすぎず、20年の経験で若鶏になり、30年の経験で始めて親鳥になるのではないだろうか。

さらに税法は毎年に改正されるが、この理解にも経験が必要だ。グループ法人税制を例に取ると、その時点での税法を理解するだけではグループ法人税制を理解することは困難だろう。前提には組織再編成税制があり、自己株式についての改正がある。歴史の上に積まれていくのが毎年の税制だ。

しかし、経験が役立つ職業であることを喜んでばかりはいられない。逆に、経験が生きる職業であれば、その経験の差が、年々、専門家としての厚みを変えていってしまう。平成22年度の税制改正の理解を疎かにしてしまえば、23年度の税制改正の思想を理解することが困難になってしまう。

明治29年に制定され、ほとんど改正されていない民法を前提に、10年前の最高裁判決を「最近の判例」と論じる弁護士業界を減価償却型の経験と例えれば、昨年の税法とは異なる今年の税法を適用し、それを知らなければ実務ができない税理士業界は、常に改良を続ける仕掛品型の経験と定義できると思う。そして、自己を仕掛品と位置付ける謙虚さが自分を育てるのだ。

## 第46　欠けたるところに宿るのが個性

法律事務所には良い人達と悪い人達が訪れてくる。そして、平穏な生活を維持し、失敗をしない人生を送ろうとすれば、可能な限り悪い人達とは付き合わないことだ。距離をとって付き合っても、人間は環境に影響されてしまうものなのだ。

そのような視点で人間を次のように分類したことがある。

縦横のマトリックスを作り、人柄の良い人と悪い人を縦の2行に区別し、横の2列には経営能力の高い人と低い人を位置付ける。そして、付き合うべきは人柄が良く、経営能力の高い人達だと考える。怖いのが、人柄は良いが経営能力の低い人達だ。人柄が良いので信頼してしまうが、結局、債務が履行できるか否かは、その人の経営能力に帰するからである。

しかし、そのような分類では人間は位置付けられないことを知った。名門大学を卒業し、資産家に分類される極めて人柄の良い依頼者がいた。私の分類では付き合うべき人間に位置するが、彼はその後、多額の詐欺事件にあい、自分も犯罪者になり、いま刑務所に収監されている。彼に欠けていたのは「あり得ることと、あり得ないこと」を区別する能力だった。

そのような視点で個性を見ていると、個性は、存在するところに宿るのではなく、存在しないところに宿るように思えてくる。つまり、Aという個性が存在するのではなく、その反対側にある非Aという「個性が存在しない」ところに、その人の個性が宿るという視点だ。例えば、サラ金のオーナーには、「事業を拡大し続ける」という個性が存在するのではなく、「何事にも限度がある」という感覚が欠如しているところが個性なのだ。その人自身には必要が無いからこそ存在しない個性であり、自分自身も、その欠けたる部分には注意を払わないし、意識もしない。

スティーブ・ジョブズについて語った、次のような言葉を発見した（『スティーブ・ジョブズ』ウォルター・アイザックソン 講談社）。ジョブズは「自己愛性人格障害」だった。「あの人にもう少し親切になって欲しいとかもう少し自分中心なところを減らして欲しいとか思うのは、目の不自由な人にいろいろちゃんと見て欲しいと願うようなものだったのだ」。共感する能力がジョブズには欠けていたというのだ。

人格の欠如も、それが天才を生むのであれば、社会的なコストとしては高くはない。しかし、多くの場合は欠けたる個性は、欠けたる個性としての機能しか果たさない。自分の欠けたところを個性として背負いながら生きていくのが人間なのだろう。

# 第47　借地権の入口課税

「社長が土地を会社に貸し付け、会社が工場を建築したら、権利金の認定課税を受ける」

そのようなアドバイスをしているとしたら、税理士としては素人だろう。

権利金の認定課税は、実務の現場では行われていないし、現に、認定課税を経験した者は皆無だと思う。そのことを知るためには借地権の理屈を遡って検証しなければならない。

「社長が、会社に土地を貸した」

そのような事例で権利金の認定課税を行ったら、中小企業の現場に税法が足かせをはめてしまうことになる。そこで「相当の地代を収受している」ときは、権利金の認定課税を行わないことにした。つまり、借地権の設定時の入口課税を行えないからこそ、相当地代の制度を作ったわけだ。

しかし、個人の所有地を会社に使用させるについて年8％（その後6％に改正）の地代を支払わせることにも無理があった。そこで、昭和55年に無償返還届の制度を導入し、この届出があった場合には権利金の認定課税は行わないことにした。権利金を授受せず、かつ、相当地代も支払わない土地の賃貸借を正面から認めることにしたわけだ。

では、相当地代を支払わず、かつ、無償返還届も提出されていない事案が登場した場合に、課税庁はどのような判断をするだろうか。遡っての権利金の認定課税を行うとは思えない。既に借地権が発生していると認定するか、あるいは無償返還届の追完が指導されることになると思う。

このように借地権の設定（入口）が確定すれば、おのずから非常口（相続と贈与）と出口（売却と返還）の課税関係は確定する。つまり、①相当地代を支払っていた借地権、②無償返還届を提出した借地権、それに、③その他の借地権についての相続時と売却時の課税関係の区分だ。

ただし、出口の場合も、返却時課税は実際には行われず、通常は借地の使用を終えたと判断するのだと思う。借地契約は、契約の趣旨からして無償返還が当然であるし、法律上も、事実上も、立退料を請求する権利は認められていない。その場合に「返還できず、地代を支払い続ける」という義務を課すことは不可能だ。「借地権を第三者に転売すればよい」と指摘されても、いまどき借地権を購入する買主は存在しない。

多様な課税関係を定める借地権通達だが、その通達にも、文字を超えた歴史と制定趣旨がある。それが税務の現場での阿吽の呼吸であり、税法という共通言語の社会なのだ。

# 第48　税理士顧問契約書

「税理士顧問契約書を作成していますか。その内容は？」と質問することがある。すると、「顧問料は月額５万円で、毎月末日までに支払う」旨の契約書を作成しているという答えが返ってくる。

しかし、これは契約書ではなく、請求書というのだろう。仮に、顧客とトラブルになって契約書が必要な場合、それは報酬に関わるトラブルではないはずだ。

「関係資料は会社が提出し、その提出を怠った場合には、税理士は責任を負わない」という契約文言を記載している税理士もいる。それは契約書とはいわず、果たし状に違いない。

顧客に向かい、それも新規の顧客に対し、顧客の責任を宣言するようでは、何のために税理士に依頼するのか分からない。

税理士の顧問契約書には、それが税理士業務であることの特徴がある。

「正しい申告の義務があるのだから、不正を発見する義務もある」「数字の仕事なのだから、おのずから答えは１つだろう」「有利と不利な取扱いがあれば、有利な取扱いをアドバイスすべきは税理士の義務だろう」

そう考える税務の素人（裁判官）に対し、税理士業務の内容を説明する書面が税理士の顧問契約書なのだ。契約書が存在すれば、裁判官は、〝それ〟が税務の現場だと理解する。

そして、税理士顧問契約書は、税理士が顧客を得るためのパンフレットの役割を果たす必要がある。その文面に免責文言を大量に書き込み、顧客の義務を書き連ねるようでは、せっかくの顧客を逃がしてしまう。

「税理士は責任を負わない」と書かなくても、「遅滞のない関係書類の提出をお願いします」と書けば、同様の法律効果を期待できる。

さらに、契約書では税理士の免責を合意することができないことも覚悟したい。「税理士に過失がある場合でも3年分の顧問料以上の賠償義務を負わない」と合意しても、これは無効だ。税理士の義務を定めるのは当事者間の契約ではなく、税理士法と税理士制度の趣旨だからだ。そうでなければ資格制度の意味がない。

契約書は業務の実態を書面に書き写すことであり、契約書一般という書式が存在するわけではない。税理士業務には特有の契約条項があり、表現方法がある。

そのような経験から作成した税理士顧問契約書が私のホームページにある。各々の条項には実務の経験を取り込んである。是非、その意味を読み取って利用して頂きたいと思う。

関根稔　検索

# 第49　調整の法則

「調整の法則」をご存知だろうか。

仮に、私が一生をかけて5億円の資産を蓄えることができるとすれば、私は5億円までの資産を運用することができる。それが私の実力なのだ。これを賃貸ビルに投資することも、自分の事業に使うことも、預金として蓄えておくこともできる。

では、私の妻が働いた場合は幾ら蓄えられるだろう。せいぜい5000万円が限度だと思う。そこで、私の資産を承継した妻が5億円の資産を運用すれば「調整の法則」が働き、資産は5000万円に目減りしてしまうのだ。

5億円の資産だから、それを運用すれば5億5000万円になるという理屈は存在しない。資産を1度はゼロにして、ゼロから資産を積み上げるのが投資なのだが、誰でも自分の実力以上に資産を積み上げることはできない。

仮に、パン屋を開業するために3000万円の内装費をかければ、投資した3000万円は、1度はゼロになる。そして、1つ300円のパンを売ることによって30円ずつを回収することになるのだ。

これは不動産投資も同様だろう。仮に、3000万円を投資して3000万円の賃貸物件を購入するのであれば、失敗したとしても1500万円の資産は残るだろう。しかし、多くの場合は3000万円の頭金に加え、4000万円の借金をして7000万円の物件を購入する。この場合に「調整の法則」が働き、取得した資産が目減りすれば、投資した3000万円の全額が失われてしまう。

先祖から大きな土地を相続した人たちが、多様な運用に乗り出して財産の全てを失う。これも「調整の法則」の適用場面だ。投資した資産は、結局のところ、自分で稼ぎ出せる金額にまで調整されてしまうのだ。

資産を稼ぎ出した人たちが資産を運用する場合なら「調整の法則」を恐れる必要はない。それだけの資産を運用する能力のある人たちの投資活動だからだ。しかし、それらの資産を相続した人達の運用能力は未知数であり、そして相続人として登場する人たちは、圧倒的に女性が多い。有能な夫が稼ぎ出した資産を承継した妻、あるいは娘たちである。

その人たちに「調整の法則」を作用させてはならない。

では、どうすればよいか。

何もしないようにアドバイスをし続けることである。

「調整の法則」の適用を避けようと思えば、何かをすることではなく、何もしないことが重要なのだ。

# 第50 なぜ税務職員は優秀なのか

「近頃の税務職員は勉強をしていない」

税務署に質問に行き、それに答えて貰えなかった税理士のつぶやきだ。そもそも、税理士が、税務署に税法の相談に行くのが間違いだろう。弁護士が裁判所に民法の相談に行くことなどあり得ない。しかし、税法の相談をしに行く税理士がいて、それに答えて貰えないと、このようなつぶやきが出るほどに税務職員が優秀なのも事実だ。

なぜ税務職員は優秀なのだろうか。まず「事実で戦う」からだ。

税理士試験に合格していない税務職員が税理士と互角に戦う。それは税務職員が事実で戦うからだろう。売上の計上漏れがあるか、経費の過大計上はないのか、期ズレは存在しないかという事実の調査なら、税法の知識は不要だ。

しかし、彼らの税法知識も侮れない。その理由は「集団の力」だろう。税理士は1人だが、国税側は集団だ。課税関係の疑問が生じれば分業体制にある集団でその答えを探す。1人の税理士が如何に速く走ろうと、国税集団はそれ以上のスピードで先に進む。上から目線で語るＯＢ税理士をみかけることがあるが、彼は組織にいてこそのスピード感が、退職後も残っていると勘違いしているのだろう。

「現場経験の差」も大きい。

税理士は1年間に幾つの税務調査を経験するだろうか。多くても15件、常識的には10件程度だろう。しかし、税務職員は1年間に30件から40件の調査を担当する。現場経験の豊富さが、税理士より優秀な税務職員を作り出す。

そして「隣の同僚」の存在だ。税理士にも仲間はいるが、本音で税法を相談できる仲間が、はたしてどれだけ存在するだろうか。例えば「自己株式の取得は配当所得になったのか」と質問すれば、そのような改正を知らなかった税理士でも「そうだよ」と答えるだろう。つまり、同業者は微妙に競い合う関係だ。しかし税務職員の隣に座る同僚にはそれがない。

最後に、優秀な税務職員を育て上げる教育システムにも注目したい。借方と貸方を知らない人たちを1年で税理士と向き合う税務職員に育て上げる。仮に、このシステムを一般の大学が採用して学生を教育したら、凄いことになると思う。

EUの金融危機が騒がれているが、それらの国に共通する特徴が税務行政の不備だろう。脱税と納税意識の低さがそれらの国々の共通した特徴で、それが財政危機の原因になっている。しかし、日本の税務行政には、そのような欠陥がない。日本の税務行政と税務職員の優秀さは、世界に誇れる財産だ。

## 第51　税理士にも読めない法人税法

「法人税法の条文は読めない」

このように考えている税理士は多いと思う。

それなのに、なぜ誰からも批判が出ないのだろうか。

法律には立法趣旨という思想が存在する。思想があるからこそ、条文が作れるし、条文の意味内容を読み取ることができる。仮に、思想を前提にせず条文を作れと命じられても、それは不可能だ。だから、組織再編成税制の前提にも思想があるはずなのだが、それが見えない。

例えば、法人税法2条の定義規定で適格組織再編成の要件を定め、法人税法施行令で要件を補足し、資本金等の額、あるいは利益積立金の増減理由を定めている。その内容は「第1号から第12号までに掲げる金額の合計額から当該法人の過去事業年度の第13号から第19号までに掲げる金額の合計額を減算した金額」などと算数のような定め方をしている。そこに立法趣旨を説明しようとする努力は見えない。法律は立法趣旨で語られるべきであって所得計算のマニュアルではない。

「法人税法の条文は読めない」

そのような批判をすると、自分の無知が指摘されるとでも思っているのだろうか。そうだとしたら、それこそ裸の王様だ。誰かが勇気をもって法人税法は壊れていると指摘すべきだと思う。いや、勇気は不要だ。子どもの素直な目でみれば王様が裸であることは明らかだ。王様の衣服を素晴らしいと褒め讃えている人たちが間違っているのだ。

本来、税法は企業経営者にも読めるのが基本だと思う。

税理士でも読めない税法を作っておいて、それを租税法律主義とはいわないだろう。

そして組織再編成や連結納税は、それを積極的に実行し、あるいは選択しない限り適用にならない税法だ。「法人の組織に関する法律」というような別立ての法律を作り、そこに条文を移動しても何の問題もない。

それに組織再編成税制、あるいは連結納税を利用する会社は、法人税法が適用になる会社の1000社に3社も存在しないと思う。その3社のために、法人税法を読めない法律にしてしまう必要があるとは思えない。

税法の「簡素化」と称して消費税法が導入されたのも、それほど昔のことではない。立法政策のミスを認め、組織再編成税制、連結納税制度、さらにグループ法人税制を法人税法から切り離すことを真剣に考えるべきだと思う。税理士にさえ読めない法人税法が存在する現状が正常だとは思えない。

# 第52 懲戒処分

税理士に対する懲戒処分が増えている。しかし、身近に懲戒処分を受けた事案を聞かないせいか、懲戒処分についての危機感は薄い。なぜだろうか。

仮に弁護士の場合なら、日弁連の機関誌である『自由と正義』に掲載された平成24年1月号の懲戒処分件数は14件だ。司法書士の場合は日司連の機関誌である『月報司法書士』に掲載されるが、平成23年12月号に掲載された懲戒処分件数は7件になっている。そして「一般の記事は読まないが懲戒処分欄だけは読む」と語る弁護士や司法書士は少なくない。

なぜなら、先人のミスは最高の教材だからだ。

しかし、税理士の場合は先人のミスが生かされていない。それには幾つかの理由がある。そのひとつが単位会制度だ。税理士会は全国15単位会に分かれ、情報が分断されている。仮に、東京税理士会で3件の懲戒処分があっても『東京税理士界』という会報を読む東京会の会員だけに提供される情報であって、他の会に属する人たちには情報は提供されない。同様に、他会の処分事例を東京会の会員は知ることができない。

さらに、単位会の会報に掲載される懲戒処分には非違事実の詳細が書かれていない。弁護士会の場合なら、依頼者からの預り金を返済しなかった事案や、過大な報酬を請求した事案、訴訟の依頼を受けて着手金を受け取りながら、その後4年間も手を付けずに事件を放置した事案など、日付や金額を明示した事案の詳細が語られている。しかし、税理士会の場合は、自己脱税、あるいは関与先について脱税を手伝ってしまった事案という紹介はあるが、それが幾らの脱税であり、どのような手口だったのかの説明はない。

懲戒処分として取り上げられた事案の選択基準も明らかではない。私の周りでは相当に悪質な脱税事案をみかけるが、それに関与した税理士であっても処分されない場合が大部分だ。それなのに、相当に軽微と思える事案でも、懲戒処分事案として会報に掲載されている。

税理士の場合は課税庁側の懲戒処分が先行し、それを税理士会が後追いする形なので、端緒は税務調査の現場と思える。そこで、どのような選択がなされているのか。まさか、税務職員と喧嘩をしてしまった事案が取り上げられるわけではないだろう。

先人のミスは最高の教材だ。

税理士会も現行の懲戒処分の公表制度について、是非とも他の業界並みの透明性を確保して欲しいと思う。

## 第53 税理士賠償責任保険

税理士賠償責任保険に加入しよう。

税理士賠償責任保険には、他の賠償保険と異なる顕著な特徴がある。損害賠償の請求時点での保険が適用になることだ。仮に、弁護士賠償責任保険なら、昨年のミスには、昨年の保険が適用される。今から加入しても手遅れなのだが、税理士賠償責任保険の場合は、今から加入すれば昨年のミスもカバーされる。

「大きな事案は扱っていない」と考えて満額の保険に加入していない人たちがいる。しかし、仮に相続の相談を受けた今日その日が相続開始から3カ月を経過した日かもしれない。そして、それが10億円の債務超過の相続かもしれない。相続放棄をアドバイスしなかった場合の損害賠償請求額は10億円なのだ。どこに落とし穴があるかが分からないのが専門家の責任だ。そして、その想定外に備えるのがリスク対策なのだ。

税理士賠償責任保険は、ほぼ問題なく支払われる保険だ。過去には免責条項が多く、また審査も厳しく、保険が支払われない事例が多かった。いま免責されるのは過少申告加算税などに限り、その他の賠償すべき部分は、ほぼ無条件に保険が支払われる。訴訟になってしまった場合は、弁護士への支払いも保険の対象になる。

生命保険よりも優先すべきが賠償保険だ。生命保険は死んだ後に必要になる保険だが、賠償保険は生きているうちに必要になる。そして、保険料は事務所経営の必要経費に算入される。税務署長が保険料の半額を負担してくれる保険なのだ。しかし、保険に加入していなかった場合のストレスを税務署長は負担してくれない。

誰でも自宅に火災保険を掛けている。しかし、火災保険を有効利用した者は、ほとんどいないだろう。しかし、誰も保険料を損したとは考えない。税理士賠償責任保険も、これと同じだ。一生の税理士生活で、一度も賠償保険を利用しなかったため、保険料が全て無駄になった。これが理想的な税理士生活だ。

個人タクシーの運転手は、どんなに運転が上手でも賠償保険に加入しているだろう。そして町の税理士は、個人タクシーの運転手と同じなのだ。自分の税法知識と注意力に万全の自信を持っていたとしても、常に事故は起きるのだ。

税理士のミス事例が常に持ち込まれるのが私の事務所なのだが、満額の賠償保険に加入している事案なら、笑いと冗談で打ち合わせを終えることができる。そして笑いが緊張を解きほぐし、さらに良い解決策が思い付く。良い解決策を思い付くためにも税理士賠償責任保険は不可欠なのだ。

## 第54 講師の心得

講師の依頼を受けることが多い。そこで、過去の反省から学んだ講師の心得を語ってみよう。

一番に重要なのがレジュメだ。これが不完全では何も始まらない。4時間分、5時間分のレジュメは相当な量になり、レジュメの作成とチェック作業に集中を維持する事は難しいのだが、ここでの手抜きは講演の現場で露見してしまう。準備に勝る対策はないのだ。

ストーリーも重要だ。テレビの前で夢中になってドラマを見ることができるのはストーリーがあるからだ。これは講演も同じだ。ストーリーのない細切れの説明では受講者の集中を維持することはできない。

「間」も不可欠だ。しかし、落語家ではない素人には間の取り方が分からない。そこで、項目ごとに「結論」を述べることにした。その項目で述べたことを簡潔な結論として示すことで区切りが出来る。ここで一息、つまり、間が取れるのだ。

逆説的になるが「笑わせないこと」も重要だ。笑わせるための話題を提供しながら、笑いが取れなかった場合は「場」を冷やしてしまう。中身が濃ければ自ずから心の中に笑いが生じるものだ。受講者には心の中で笑って貰えば良いのであって、わざわざ声に出して笑ってもらう必要はない。

これらを実現するためのキーワードが「会話」だ。仮に、受講者が50人でも500人でも1000人でも、受講者との間に会話が成立するのが良い講演会だ。ただ、4時間以上の講演では講師の緊張がふと欠けてしまう一瞬が生じる。そうなれば、その後は講師が一方的に語るラジオ放送になってしまう。ラジオ放送になってしまうと、再度、受講者を会話に引き込むことは不可能に近い。一瞬の手抜きのツケは大きいのだ。

そして、会話を成立させるための調味料になるのが「価値観」だ。事実だけではなく、事実の前提になる理屈だけでもなく、理屈についての価値判断を述べることが受講者に対するメッセージになる。良い制度もあり、不出来な制度もあるが、その価値判断を述べることで、受講者も知識の位置付けが可能になる。

会場という「場」が与える影響も大きい。

受講者数に比較して広すぎる会場は温度を下げてしまう。補助椅子が必要になるような狭い会場の方が温度は上がる。それとマイクだ。会場で反響したり、講師に音が戻ってきたりしては会話の障害になる。講演前のマイクテストは不可欠だ。講演会は、講師と受講者との一期一会だ。眠りを我慢させられる講演会ほど苦痛なものはない。眠らせない講演のノウハウの一助になればと思い、経験を書き留めてみた。

## 第55 プロは語るべきものを持つ

あちらこちらの書籍を乱読していると心に響く言葉を見付けることがある。今回は、その中からプロの心構えを説いた書籍と言葉を紹介してみたいと思う。

まず、船井総合研究所の『弁護士のためのマーケティングマニュアル』だ。「依頼者が非常に多い先生と、そうではない先生との違いの一つは、『語るべきこと、語れること』を持っておられるかどうか」だ。さらに、「対応スピードが遅いことは、おそらく致命的ではないかと思う」としている。

なぜ、スピードが必要なのか。それは優先順位の問題だろう。優先順位を付けなければ仕事は処理できない。そして、仕事は重要度に応じて優先順位を付けなければならない。つまり、私（顧客）が頼んだ仕事の処理が遅ければ、顧客に対し「貴方は重要な客ではない」というメッセージを送り出してしまうのだ。だから「貴方は私の重要なお客様です」というメッセージを送りたければ、全ての顧客の仕事を優先しなければならない。それが仕事のスピードだ。

次は西田章弁護士が著した『弁護士の就職と転職』だ。

弁護士ヘッドハンターが語る25の経験則という副題だが、そこで語られていることも深い意味を感じた。弁護士は常にスキルを磨く事を考えている。営業などを行わなくても、スキルを磨いていれば何とかなると考えるのが弁護士なのだ。だから、イソ弁を雇うときも、給料額ではなく、「先生は、どんな仕事をさせてくれるのですか」という問いがでてくる。

さて、紹介したいのは「スキルを磨くのではなく、スキルを磨ける環境を確保することが重要」と語っているところだ。

スキルを磨く事を考えると焦りで焦げてしまう。破産の申立て、管財業務、多様な民事訴訟、医療過誤から税務訴訟までを経験して満足するまでスキルを磨こうと思ったら300年を要することになってしまうだろう。つまり、全てを経験することは不可能なのだ。そこで必要なのは、「スキルを磨くのではなく、スキルを磨ける環境」なのだ。

さらに、これは私が語る言葉だが、「数多くの経験を積むのではなく、ひとつの経験から幾つ学べるかが重要」という視点だ。スキルを磨こうと焦っても空回りするだけだし、経験を積もうと焦ってもいたずらに時間が過ぎてしまうだけだろう。だからこそ、スキルを磨ける環境を確保し、さらにひとつの経験から幾つもの知識を学び取る。そのような姿勢こそが『語るべきこと、語れること』を持つ専門家を育てるのだと思う。

# 第56　二流意識

裁判官、弁護士、税法の教授、公認会計士、税務職員と、税理士を取り巻く環境には優秀な人たちが多い。

では、税理士は、この人たちと比較し、どの位置に存在するのだろうか。まさか、誰よりも劣っているのが税理士というわけではないだろう。しかし、そのように考えている税理士は多いのだ。

税務訴訟の判決が出れば、それを疑問もなく受け入れる。

税法の教授が判例を論じれば、感心しながら、それを聞く。難しい税務問題が生じれば、それをもって税務署に相談に行く。

あえて批判を覚悟で、これを税理士の二流意識と定義するならば、なぜ税理士が二流意識を持つ必要があるのだろうか。

仮に、弁護士の方が税理士よりも税法に詳しいのだろうか。それはあり得ない。大多数の弁護士は税法の書籍を一冊も読まず、恐らく、税法の条文を読んだことさえないと思う。そして、弁護士は、自分には税法が理解できないことを知っている。では、公認会計士の方が税理士よりも税法に詳しいのか。

これも議論するまでもないだろう。恐らく、会計士は、税法の難しさすら理解していない。では、税務職員の方が税理士よりも税法に詳しいだろうか。これは、そのように感じることが多い。しかし、それは立場の違いではないか。

商品を作り出す人たちと、その商品を審査する人たちの違いだ。どのような業界でも、最後に審査をする者が優位になることは説明するまでもないだろう。

これは、裁判官の立場でもある。税法判断に限らず、裁判官は、常に、他人の判断を後知恵で審査する。事実も、法律も、争点が明らかになっている事案の判断だ。だから、医療事故でも、税務訴訟でも、裁判官は判断できる。

では、税法の教授はどうか。これも立場の違いだ。税法学者は自分のテリトリーで税法を論じる。つまり判例だ。判例には事実関係から法律判断まで全ての答えが書き込んである。

税法知識について税理士に敵う者はいない。そして、他の業界の人たちには理解することが難しく、彼らが一番の苦手意識を持っているのが税法なのだ。しかし、そこで自惚れず、謙虚に二流意識を持つことが税理士の奥ゆかしさなのかもしれない。

しかし、自分自身を育てるためには一流意識も必要だと思う。「俺は税法のプロ」と自己主張できる税理士が増えてくれたらうれしい。そこで、あえて「二流意識」という言葉を使って税理士の自尊心を刺激してみた。

## 第57 平気で嘘がつける人たち

世の中には「平気で嘘がつける人たち」が多いのだ。

いや、社会は詐欺師で溢れているのではない。

多くの人たちは善人であり、詐欺師などは、弁護士をしていても一生に3度も会えば多すぎるほどだ。

しかし、世の中には「平気で嘘がつける人たち」が多いのだ。投資の成功例を紹介し、老後の不安を煽り立て、証券投資やアパート建築を売り込む人たち。金投資、FX投資、外債投資、未上場会社への株式投資などという危ない話もある。彼らが語る言葉に嘘はないが、語らないところに嘘が隠されている。それに、誰も、儲け話を無料では教えてくれないだろう。

しかし、そのような分かりやすい例だけではない。

たとえば、勝訴率を自慢する弁護士だ。裁判の勝訴率などは、敗訴した事件を分母から除き、勝訴した事件だけを取り上げれば100%になってしまう。敗訴した事件を忘れることができる弁護士だけが勝訴率を自慢することができる。

税理士では「顧客を獲得する方法」を講演する人たちがこれに該当するだろう。仮に、彼らの言い分が正しいとすれば、彼らは講演会の講師を引き受けるほど暇ではないはずだ。

自分が行ったアドバイスの成果を自慢する人たちも「平気で嘘がつける人たち」の仲間だ。100個のアドバイスの内で成功した3つを語っているだけなのだろう。もし、100戦100勝のアドバイスが可能なら、彼は事業家として成功しているはずだ。

如何に、彼らの嘘を見抜くか。それには語る言葉ではなく、語られた言葉の論理必然性を理解することが必要だ。

「どんな盾も突き通す矛」と「どんな矛も防ぐ盾」を売る露天商の嘘を見抜かなければならない。それが見抜けなかったら「平気で嘘をつける人たち」に振り回されてしまう。

しかし、「平気で嘘をつける人たち」は自分自身への戒めでもある。

自分自身が平気で嘘をついていることはないだろうか。失敗例を語らず、成功例を語っているだけではないか。根拠のない確信を、さも根拠のある確信のように語ってはいないか。

そのように内省する気持ちがなければ自分自身が「平気で嘘をつける人たち」に仲間入りしてしまう。

確信をもったアドバイスをしながら、その確信を疑う2人目の自分が必要なのだ。そのような自戒をしてこそ、他人の財産と人生に口出しできるアドバイザーになれる。

## 第58　相続時精算課税

「株主代表訴訟の被告になった取締役は、どのような相続および相続税対策を採用すべきか」

まず、相続を放棄する方法だ。しかし、株主代表訴訟の敗訴が決まっていない段階で相続放棄をすることは難しいだろう。勝訴する可能性も残っているのだ。

次が、限定承認をする方法だ。これが弁護士の回答だろう。

しかし、税法的には最悪の手続になってしまう。限定承認手続では、土地建物は、全て時価で売却したとみなして譲渡所得課税が行われる（所得税法59条）。株主代表訴訟に勝訴した場合には、無駄な税金を負担したことになってしまう。

では正しい答えは何だろうか。それが相続時精算課税なのだ。

生前に、全ての財産を相続時精算課税を利用して、子供たちに贈与してしまう。そして、相続は放棄してしまうのだ。仮に、株主代表訴訟で勝訴すれば、それで良しとすればよい。

株主代表訴訟で敗訴し、生前贈与について詐害行為取消権が行使されれば、贈与を受けた財産を返還し、贈与税について更正の請求をすれば、全てが元に戻るだけだ。損失は登録免許税だけだろう。あるいは「債権者が取消しの原因を知った時から2年間行使しないとき」という期間制限（民法４２６条）が認められ、詐害行為取消権の行使を制限してくれるかもしれない。

その他にも、相続時精算課税には多様な利用法がある。

まず、生前の遺産分割としての利用だ。相続についての一般的な対策は遺言書の作成だが、遺言書は何時でも作り替えることができる。それなら相続時精算課税を利用し、生前に遺産分割をしてしまおうではないか。

家督相続を復活させることも可能だ。長男以外の相続人には相続時精算課税を利用し、相当額の財産を贈与することで遺留分を放棄してもらう（民法１０４３条１項）。そして、遺言書をもって長男に残りの財産を相続させるのだ。

相続時精算課税にも欠点があり、その１つが贈与者の年齢を65歳以上としていることだった。しかし、これも、贈与者の年齢を60歳に引き下げることにしている。贈与者の多くは高齢であろうから、この５歳の差は大きい。

仮に、税理士の関与先に債務超過の会社を経営している社長がいたら、まず自宅だけでも子供たちに相続時精算課税を利用して贈与することと、２１１０万円を限度とするが、配偶者への居住用財産の贈与（相続税法21条の6）を検討するようにアドバイスしたら如何だろうか。

# 第59 カリスマ経営者

弁護士をしているとカリスマ経営者といわれる人に会うことがある。大きな事業を立ち上げ、経営能力が優れた大物である。

しかし、そのような評価は当たっているのだろうか。私の定義では、カリスマ経営者とは「左に5度曲がった人たち」だ。

左に5度曲がっているが、成功体験があるので、誰も、彼が左に5度曲がっているとは思わない。そして取り巻きの人たちも左に5度曲げられる。

もし、誰かがまっすぐな意見を言ったとしても、カリスマ経営者には、それが右に5度曲がった意見としか聞こえない。そして、その人は遠ざけられてしまう。その結果、カリスマ経営者の周りには、左に5度曲がったクローンだけが生き残る。

しかし、左に5度曲げられて正常な判断ができる人たちは存在しない。取り巻きは、判断力を奪われ、イエスマンになってしまう。それがカリスマ経営者が社長を務める会社の実態だ。

左に5度曲がったカリスマ経営者のこだわりはさまざまだ。自分の財産を皆が狙っていると思い込んでいるカリスマ経営者や、会社の成長が止まる恐怖の下に生きているカリスマ経営者にとって、自分に不安を生じさせる部下は、失敗をした部下という評価を超え、裏切り者でしかない。

しかし、カリスマ経営者が経営する企業にも大きな弱点がある。組織が単一ＤＮＡのクローンになってしまうという欠点だ。アイルランドでは、19世紀に１つの病原菌で主食のジャガイモが全滅し、大飢饉に襲われた。これが単一ＤＮＡによるクローンの弱点だ。

だが、決して企業にリーダーが不要と論じているのではない。企業にはリーダーが必要であり、企業の命運を決めるのがリーダーの存在であることは、日本の大企業の栄枯盛衰を持ち出すまでもなく明らかだ。

しかし、カリスマ経営者とリーダーは異なる。

カリスマ経営者は自分が中心なのだが、経営者としてのリーダーは組織こそが中心と考える。つまり、後継者を育てることができるのがリーダーであり、後継者を潰してしまうのがカリスマ経営者なのだ。

後継者を育てることができないカリスマ経営者は、新聞を読んでいるだけでも何人もみかける。もし、仕事でカリスマ経営者に会うことがあったら、ひれ伏すことなく、彼のこだわりを探してみるのも面白い社会勉強だと思う。

# 第60　専門家の責任

税理士に限らず、専門家は常に「責任」を意識して生活している。しかし、「責任」という言葉の意味するところは1つではない。道義的な責任、民法上の責任、刑法上の責任、業法上の責任の4つの責任が存在し、それを区別して考えないと、本当の意味での「責任」という言葉を見失ってしまう。

まず、道義的な責任だが、日本では長い間、これが「責任」として意識されてきた。経営に失敗した代表取締役が頭を下げて退任し、失言した大臣が辞任をして責任を取る。これが道義的な責任だが、頭を下げれば責任を取ったことになるのであれば、これほど安上がりな責任の取り方はない。

怖いのが民事責任だ。医者が治療ミスをすれば医療過誤訴訟が起き、弁護士や税理士がミスをすれば損害賠償請求の対象になる。そして民事責任は、依頼者に対する責任と第三者に対する責任に分けることができる。税務申告のミスが依頼者に対する責任だとすれば、粉飾決算を手伝って取引先や融資銀行に損害を与えてしまうのが第三者に対する責任だ。この責任を追及された場合、ときには財産の全てを失う。

次が刑事責任だが、詐欺師や暴力団員でもない限り、日常で刑事責任を意識することはないだろう。

しかし、民事事件を処理しているつもりが、いつの間にか刑事事件になってしまうのが専門家の仕事の怖さだ。経営者の要請に応じて更正処分を覚悟して行った税務申告が脱税事件になり、依頼者の再建のために行った新社の設立が執行免脱罪になってしまう。

そして最後が、業務停止や登録抹消などの業法上の責任だ。過失による不真正な税務書類の作成、税理士法人の社員の競業禁止違反、自宅と事務所の2カ所事務所、税理士法33条の2により添付する書面への虚偽記載など、どこにでもありそうな事案の懲戒処分が最近公表されている。いつ、自分の順番が回ってくるか予測不能の責任だ。

さらに、専門家には5つ目の責任が存在する。専門家を信じ、その処理を任された以上、結果が悪ければ、専門家は依頼者の信頼を裏切ったことになってしまう。つまり「信じて託された者の責任」という5つ目の責任だ。

仮に4つの責任が存在しなくても5つ目の責任は免れない。

責任を意識せずに済むのなら専門家は気楽な商売だろう。

しかし責任がなかったら仕事に対する集中力と熱意は維持できない。「責任」は専門家のリスクであると同時に、専門家の仕事の完成度を高める。

それが5つに分類される「責任」という概念なのだと思う。

## 第61 アドバイザーには年齢が必要

40歳では理論を語り、50歳では経験を語り、60歳では人生を語る。これが良きアドバイザーのスタイルだと思う。

税務署での勤務経験がある税理士が在職時の経験を語る。もし、講師が40代なら、勤務時代に習得した税法理論を語れば良いと思うのだが、恐らく、語るべきほどには税法理論を習得してはいないのだろう。税法理論の上に築かれる経験だからこそ普遍性を持つのであって、税務署勤務時代の経験を語るだけの講師に成長はない。

50代になったら、既に、経験不足とはいえない。語るべき知識は経験に裏付けされて説得力を持つ。仮に、分掌変更退職金を語る場合なら、常勤役員が非常勤になること、報酬を半額以下に減額することなど、通達に決められた要件を語るだけでは寂しい。退職金を未払いにしたために否認された事案、退職金が支払われた後にも経営に関与していたと認定されてしまった事案など、分掌変更退職金の失敗事例を語ることができる。

しかし、このように語っても、その真意が伝わらないことがある。「では、未払いにしないようにすれば良い」と理解されてしまうからだ。だから、60代のアドバイザーは、さらに経験から学んだ人生を語る必要がある。

仮に、1億円の分掌変更退職金が否認された場合は、どのような結果になるだろうか。退職金の損金算入が否認され、不足した源泉徴収税額には不納付加算税が課税される。役員には退職所得ではなく、給与所得としての所得税が課税されるというトリプルパンチ課税になってしまう。その結果、納税額は1億円を超え、損害賠償請求によって税理士事務所は倒産するだろう。それが100分の1の可能性だったとしても実行してはならない手法だ。分掌変更による退職という中途半端な方法ではなく、取締役を完全に辞任して退職することが必要なのだ。

理屈やテクニックを語るのではなく、人生の上手な生き方を語るのが60代になったアドバイザーの役割だ。

その年齢にならないと読めない文章がある。

その年齢にならないと書けない文章がある。

ある小説家が語った言葉だが、これはアドバイザーについても言える。私がここで書き散らしていることも、その年齢にならないと読み取っては貰えないと思う。

それが人生であり、成長だ。日々、勉強し、経験することが積み上がって、人は成長していく。

年齢は財産なのだ。

# 第62 弁護士は悪い

この頃の依頼者との合い言葉は「弁護士は悪い」だ。

弁護士増員で、嫌でも身近になりつつある弁護士という人たち。これからの時代、商売をやっていこうと思ったら、弁護士という職業の本質を理解しておく必要があると思う。

最近、警察官の犯罪が報道されることが多く、懲戒処分される弁護士も増えた。なぜ、犯罪者になることを一番に恐れる警察官や弁護士が犯罪を犯すのか。実は、警察官や弁護士は犯罪に〝寛容〟なのだ。常に犯罪者を目の前に置き、人間は闇夜では何でもやってしまうものだと学習する。そして、犯罪に至る理由を解明し、犯罪者の心を理解しなければ警察官や弁護士は務まらない。常に、事件を身近に置くという環境に影響され、自らの基準点が「ずれ」てしまった弁護士が出現しても不思議ではない。

弁護士としての立場も影響する。弁護士にとって守るべきは依頼者の利益だ。あくまでも一方当事者の視点に立ち、その利益を守るための理屈の構築が弁護士の仕事だ。そのような判断過程では、被告にされる相手方の立場などは全く考慮されない。弁護士の視点は一方的であり、正義も、公平も存在しない。弁護士とは、そもそも、そういう存在なのだ。

とはいえ、二時代、三時代前には、常識を説き、訴訟を断念させる場面も多かったと思う。そのことを説明しているのがフレデリック・フォーサイスの『免責特権』という短編だ。そこに登場する弁護士は次のように語っている。

「チャドウィックさん、そこまでおっしゃるのなら、こちらも正直に申し上げます。私たち弁護士は、さまざまの理由を付けて依頼人に訴訟を勧めて手数料を稼ぐという非難をときとして浴びせられますが、実態はまるで逆なのです。訴訟をしろとけしかけるのは、普通、当事者の友人、妻、同僚といった人たちなのです。そういった連中は、訴訟にかかわる費用を負担する必要がありませんからね。部外者にとって、裁判沙汰というのは、まさに恰好の見せ物なのです」

弁護士増員によって仕事が見付けられない弁護士が増えている。そのため、従前なら訴訟に至らなかった案件まで、事件として作り出されてしまうのではないか。弁護士増員は、被告にされてしまうリスクの増大でしかない。だから、平穏に生きようと思うのなら、弁護士が登場する場面を作ってはならない。

そのためには、どうすればよいか。

逆説的だが、信頼できる弁護士を身近に置くことだろう。

# 第63　100引く1はゼロ

「100引く1はゼロ」

帝国ホテルの従業員に対する教えだが、これは専門家の仕事についてもいえる。99個の成功事例を積み上げても、最後の1つのミスで人生を失うのが専門家の怖さだ。

その視点でミスを取り上げてみよう。

「ミスは出さない」

逆説的になるが、それは間違いだと思う。いくら注意しても出現してしまうのがミスなのだ。ミスが存在する事を前提に、「ミスを見つけ出す」のが上手なミス対策だと思う。

「ミスは無知から生じる」

これも間違いだと思う。優秀な人ほどミスが多い。自分が優秀だという自惚れが、仕事を複雑化し、ミスを作り出してしまう。シンプル化こそが、ミス回避に必要なのだ。

「ミスは惰性から生じる」

1000万円と1億円は量の違いではなく、質の違いだ。しかし惰性と慣れが、その違いを失念させてしまう。大きな仕事については、その質に応じた注意力を維持しなければならない。

「小さなミスは歓迎すべきだ」

ハインリッヒの法則がある。１つの重大事故の背後には29の軽微な事故があり、その背景には３００のヒヤリとし、ハッとする事象が存在する。３００のヒヤリ・ハットが示してくれるのが大きなミスの予感だ。つまり、小さなミスは重大な事故を防ぐために送り込まれたメッセージなのだ。

「ミスが生じた後の対応も重要だ」

誰もが気が付く前にミスに気付くことができれば、それはミスとはいわない。じっくりと解決策を考えることができる。では、自分より先にミスに気付かれてしまった場合はどうすればよいか。専門家は常にミスを恐れるのだが、それが言い訳として出現してしまう。しかし、依頼者は、決して、専門家の責任を追及しようとは思っていない。ただ、最善の解決策を専門家に求めているだけなのだ。そこで言い訳をすれば、「専門家の責任」という話の流れに変わってしまう。ミスが露見した後の対応こそが重要なのだ。

そして、「常に心配すること」だ。

いま見落としているケアレスミスや判断ミスがないか、自分と依頼者のために常に心配する。それが専門家の仕事だ。それに比較すれば、税務申告書や会計数字の確認などは、誰でも行える単なる作業にすぎない。

## 第64 自己株式は万能のツール

古い商法の時代、自己株式は特別な場合以外は取得できなかった。しかし、いま自己株式の取得は、ほとんど無条件で自由だ。まさか、中小企業のために導入された自己株式の自由化だとは思えないが、しかし、これが中小企業の万能ツールとして利用できてしまう。思わぬところで利用場面が登場するのが自己株式なのだ。

まず、遺産分割に自己株式を利用してみよう。父親が遺した遺産の大部分は、父親が経営していた同族会社の株式だ。仮に、会社を承継する長男が同族株式を相続すれば、長男は他の相続人に対して代償金を支払わねばならない。資金を持たない場合には借入が必要になるが、その利息は経費には落とせない。

株式の一部を配当優先の無議決権株式にして、それを他の相続人に承継させる方法も提案されているが、その場合でも、いつかは精算しなければならない持株関係だ。

しかし、自己株式を利用すれば、会社の資産を遺産分割してしまうことが可能だ。相続人各人が同族株式を取得し、それを相続税の申告期限から3年以内に会社に買い取ってもらう。そうすれば相続人は譲渡所得課税を受けるだけで、会社から株式買取代金を手にすることができる。会社に資金がないのであれば、銀行からの融資を受ければよい。そうすれば、融資金の利息を会社の経費に計上することができる。

会社に賃貸用の不動産があるなら、それを自己株式の取得の対価として代物弁済してしまっても良いと思う。含み損を有する資産であれば、譲渡損を計上することで、会社は節税効果を受けることまで可能になってしまう。つまり、自己株式は、会社の資産を遺産分割してしまう手法として利用できるのだ。

株式の譲渡益には20％の税負担が生じるが、しかし、1億円の同族会社株式と8000万円の現金のどちらに価値があるだろうか。いま、現金こそが、もっとも価値のある財産なのだ。

仮に、後継者が存在しない場合なら、従業員に事業を承継して貰うことも可能だ。会社の資金を利用し、相続人から株式を買い取ってしまえば、従業員は、自己資金を要することなく、会社の支配権を手に入れることができる。事業の継続が可能になれば、従業員の雇用も確保できるし、退職金などの資金負担が生じることもない。

相続税が課税されるような同族会社の株式なら、会社には、それなりの内部留保がある。その内部留保を自由に利用できるようにしてくれたのが、自己株式という制度なのだ。

## 第65 所得税法59条と60条の理屈

所得税法59条と60条は所得税理論の華だ。

歴史と理論の全てを語っているのが、この2つの条文だ。

まず59条だが、なぜ法人に対する贈与については、時価で譲渡したものとみなして譲渡所得課税を行うのだろうか。それにはシャウプ勧告から始まる長い歴史がある。

当初、相続には譲渡所得課税と相続税課税を行っていた。被相続人の元で発生した値上がり益に対する所得税の課税と、相続人が取得した相続財産を担税力とする相続税の課税だ。

しかし、1つの相続に2つの課税を行うことが二重課税に思われた。その批判を受け、相続については譲渡所得課税を行わないことにしたが、これは課税を免除したわけではない。被相続人の取得価額を相続人が承継することにしたのだ。つまり、単なる課税の繰延べであって、相続人が当該資産を譲渡した時には、被相続人の元で発生していた値上がり益も含めて譲渡所得課税を行う。

では、限定承認の場合には、なぜ課税の繰延べを認めないのだろうか。それは限定承認の清算手続が理由になっている。

限定承認手続では、相続財産は換価されて債務の弁済に充てられる。この場合に、通常の相続のように課税の繰延べを認めると不合理な結果が生じる。仮に、取得価額1000万円で時価1億円の財産を相続した場合なら、譲渡対価1億円は債務の弁済に充てられるのに対し、譲渡所得9000万円に課税された所得税は相続人が負担することになってしまうからだ。

そこで、被相続人の元で所得を実現させ、所得税自体も、限定承認手続の中で清算することにした。

次に、著しく低い価額の対価、つまり時価の2分の1に満たない価額での譲渡の場合だ。仮に、時価1億円の土地を4000万円で譲渡した場合に、これが法人に対する譲渡なら、時価1億円で譲渡したものとみなされる。しかし、個人に対する譲渡の場合は4000万円での譲渡と認める。ただ、個人に対する譲渡については、4000万円での譲渡の場合も取扱いは2つに分かれる。譲渡価額が、①取得価額を超える場合と、②それを下回る場合だ。譲受人は、①の場合については4000万円の取得価額が採用されるが、②の場合は、譲渡者の取得価額を承継することになる。

税法は歴史とロジックだけで構築されたガラスの城のような存在だ。それが端的に表現されているのが所得税法59条と60条であり、その美しさを知るからこそ、税法は面白い。

# 第66　相続税対策、相続対策、生存対策

「相続税対策」を宣伝している税理士がいたら、時代に20年は遅れていると思う。相続税対策に優先すべきは「相続対策」なのだ。そして、相続税対策と相続対策は、多くの場面で対立した関係になる。相続税対策は複雑化がキーワードだが、相続対策はシンプル化がキーワードだからだ。

相続税対策のために借金をしてアパートを建築する。

所有する同族会社の株式を社員持株会に譲渡して相続財産を減らす。

そのような対策が実行され、財産の帰属が複雑に入り組んだ相続について、相続人間で争いが起きたら面倒なことになる。財産が分割できなくなるだけでなく、相続争いをしている間に財産が毀損してしまうかもしれない。相続争いは、時には、5年、10年の紛争になってしまうのだ。

しかし、「相続対策」を論じている専門家がいたら、それも時代に10年は遅れていると思う。相続対策に優先すべきは「生存対策」なのだ。そして相続対策と生存対策も対立した関係になる。相続対策は、子に財産を移転することを基本とするが、生存対策は財産を手放さないことを基本にするか

らだ。

昭和の時代は、毎年、地価は上昇し、相続税も増え続けた。そして、60代あるいは70代の前半で男性は死亡し、女性もそれを追いかけるように死亡した。つまり、60歳の定年を経過した後に待っているのは相続だったのだ。だから、相続税対策が必要であり、相続対策が必要だったのだが、今は違う。

サザエさんの父親である磯野波平さんは54歳だが、磯野家における波平さんの次の役回りは被相続人ではなく、相続人なのだ。ドラえもんでは、のび太のお祖母さんが「せめてのび太が小学校に上がるまでは生きていたい」と語っていたが、今、それはひ孫に対する言葉だろう。日本人の平均寿命は、この20年で1世代分近く延びてしまったのだ。

生存対策に必要なのは手元に生活費を確保することだけではない。子に大事にされる高齢者になるためには、相応の財産を持ち続けなければならない。貧しい両親と、豪邸に住む両親のどちらが大事にされるのかを考えてみれば、答えは明らかだ。

さらに、相続自体が「生存対策」を意識したものでなければならない。いま、相続財産を承継するのは50代、60代の人たちなのだから、相続は、その後に残っている働かない30年を見通しての生存対策でなければならないのだ。

# 第67　勝っても元々、負けても元々

裁判には2つの種類がある。

勝っても元々の裁判と、負けても元々の裁判だ。

従業員を解雇した場合を想定してみよう。従業員から解雇無効の訴訟が起こされたら大変なことになる。解雇無効の訴訟では、多くの場合、従業員が勝訴する。裁判所は基本的に従業員の味方なのだ。そして、従業員が勝訴した場合は裁判期間中の給料も支払うことになる。仮に、このような訴訟に勝ったとしても、解雇が認められるだけであり、雇い主として得るところはない。つまり、勝っても元々なのだ。

だから、従業員を解雇してはならない。過分な解雇手当を支払うことになるとしても、従業員には退職届を書いてもらわなければならないのだ。

次に、借家人の家賃不払い事件を考えてみよう。契約を解除し、建物明渡請求訴訟を起こし、執行手続で借家人の立ち退きを完了する。それに要する期間は最短でも10カ月、通常は1年になると思うが、その間の家賃は支払われないだろう。そして、家賃支払いの勝訴判決を得たとしても、未収の家賃を執行手続によって回収することは不可能だ。このような訴訟は勝っても元々にはならない。

だから、借家の明渡しを訴訟に求めてはならない。仮に、引越料を負担してでも、早急の退去を求めるのが上手な家主のアパート管理法なのだ。

最後に税理士業を考えてみよう。関与先から税務処理のミスを理由とした損害賠償請求の訴訟を起こされてしまった。金銭請求の訴訟について判決に至るのは稀であり、多くの事件は和解で解決するのだが、その場合に和解金を支払うのは、もちろん税理士側だ。仮に、和解せず敗訴判決を受けてしまえば大変なことになるが、仮に勝訴したとしても元々になるだけだ。

いや、弁護士への着手金や成功報酬を考えたら勝っても元々ではない。だから、仮に、不当な和解金を支払ったとしても、トラブルは訴訟に至る前に解決をしてしまわなければならない。

訴訟を想定する場合は、その訴訟が、勝っても元々の訴訟なのか、負けても元々の訴訟なのかを考えなければならない。決して裁判の結果は公平ではないのだ。

そして、世の中を単純にカネ持ちと貧乏人に二分してしまえば、勝っても元々の訴訟の当事者になるのはカネ持ち側の人達であり、負けも元々になるのは貧乏人側の人達だろう。

だから、カネ持ちは喧嘩をしてはならない。

# 第68　財産三分法

経済の先行きが見えない不確実な時代。

どのような指針をもって財産を管理したらよいだろうか。そのような設問への答えが、現金、定期収入、自宅の3つの資産への「財産三分法」だ。

まず現金だが、なぜ低金利の時代に現金なのか。

実は、いま一番に有利な投資資産が現金なのだ。今年は5000万円だった土地が来年には4800万円で買える。そのようなデフレ経済では、現金は毎年値上がりする最も有利な投資資産だ。

昭和時代の預金には年5％近い金利がついたが、その背景には年7～8％のインフレがあった。つまり、預金利子を上回る現金の目減りがあったのだが、デフレの時代は違う。平成元年から20年を超えて続くデフレは、毎年、現金の価値を増加させ続けた。これが多額の預金を持つ高齢者を作り出した理由だ。

次が定期収入だ。

高齢化社会では何歳まで生きるのかが予測できない。その生活が預金の取り崩しで維持されるのでは不安で仕方がない。経済的、かつ精神的なゆとりを得るためには定期収入が必要なのだが、働かずに収入を得る方法はアパート賃貸業に限られる。空室リスクが避けられないのが現実だが、それを認めたとしても、働かずに収入を得る方法は賃貸業しか存在しないと思う。

そして、最後が自宅だ。

都心に一戸建ての家屋を賃借するとしたら、小さな家屋でも家賃は15万円を超えるだろう。ちょっと贅沢な家屋に住もうと思えば月額30万円~50万円という家賃になってしまう。そして家賃は税引後の所得から支払う必要があるのだ。50万円の家賃を支払おうと思うなら、仮に70万円の所得を得て、20万円の所得税を納めた残額で家賃を支払わなければならない。とても、そのような高額な家賃を支払う気にはなれないと思うが、自宅の場合は、その贅沢を意識することなく暮らしている。

つまり、自宅は究極の贅沢なのだ。そして、自宅は、最後には有料老人ホームに入居する場合の予備資金としても使える。

低金利の時代だからといって、高利回りの投資商品に目を奪われてはならない。手持ちの資金を投資し、値上がりを待つという昭和の発想からは卒業しなければならない。

「財産三分法」

このようなシンプルなキーワードが、デフレ時代の財産管理法なのだ。

## 第69 小さなピラミッド

若かりし頃、裁判所での和解の席で、「裁判所の常識ではその通りですが、社会の常識では違います」と説明したら、裁判官が怒り出してしまったことがある。

今にして思えば、怒って当然だと思う。

裁判所という小さなピラミッドに住むのが裁判官なのだ。

法を基準として最終判断をする人達。そのような人達だけで作るピラミッド構造の中に住み、法律を守るのは当然であり、法律で裁くのも当然と信じ、要件事実、立証責任、書証の成立などという言葉が行き交う社会。それを「君の小さなピラミッドでは」と言われてしまったら怒り出すのは当然だろう。

しかし、裁判官を笑うことはできない。誰でも、皆、小さなピラミッドに住んでいるのだ。

サラリーマンは〝勤め人〟という小さなピラミッドに住み、それが社会だと信じている。あるいは〝会社〟という、さらに小さなピラミッドに住んでいるのかもしれない。

医者も同様だ。〝医者〟という業界、さらには〝心臓外科〟という業界が社会であり、その社会は一般の社会の上位概念だと信じているのだと思う。「命より大事な価値があるか」と問われてしまえば、一般市民はひれ伏す以外にない。

裁判官や弁護士は〝法律家〟という世界に住み、それが社会だと信じ込んでいる。法律こそが社会の上位概念であり、それを実現する自分たちの仕事や裁判所は、民主主義を実現するために不可欠の存在だと。

しかし、小さなピラミッドが何万と存在するのが実際の社会なのだ。だから、自分のピラミッドの価値観で、他のピラミッドに住む人たちを裁いてはならない。

それが専門家が守るべき自制心だろう。

妻の相続分は2分の1であり、子の相続分は均等。遺留分は法定相続分の半分であり、奪えない権利だ。それは当然のことだが、それは法律業界というピラミッドの常識に過ぎない。

財産を潤沢に持つ長男、仕事に就けなかった次男、病気の子を抱える三男。これは法律業界のピラミッドで裁ける問題ではない。しかし、常日頃「それは裁判所では認められません」と依頼者を法律で裁いてしまう。それが弁護士という職業の怖さだ。

暇なときには空を見上げ、多数のピラミッドが宙に浮いていることを想像してみよう。

それが専門家に求められる謙虚さだと思う。

# 第70　日々、税法を学ぶ

日々、税法を学ぶ。

税法を理解しているからこそ税理士であり、依頼者の財産を守るために必要なのが税法の知識だ。だから、毎年の税法改正をフォローするのが税理士の責務であり、税理士は税法を学ばなければならない。それが税理士の義務だ。

このように考えている税理士は多いと思う。

しかし、それは違うのだ。

日々、税法を学ぶことによって、日々、自分の脳を育て上げる。それが日々の学習の本当の目的なのだ。そのことは自分の思考を覗き込んでみれば明らかだと思う。

日々、学んだ知識が、常に意識の上に存在するだろうか。学習した知識のほとんどは意識から忘れ去られているだろう。

しかし、知識は消滅するのではなく、無意識領域に保存されている。だからこそ、必要になったときに、必要に応じて習得した知識が思い出されてくる。莫大な記憶容量を備えた無意識領域が、知識の保存場所なのだ。そして、知識を思い出させると共に、直感を送り出してくれるのも無意識領域だ。このことは脳細胞の構造からも説明できる。

脳細胞を構成するニューロンは生まれたときに作られ、増殖することはない。しかし、1つのニューロンから延びる何千本ものシナプスは年齢を経るごとに成長し、他のニューロンとの間のネットワークを補強し続ける。

シナプスのネットワークの構築は、知識のネットワークを構築するための生命活動だ。シナプスによって構築されたネットワークは、無意識領域に保存されたバラバラの知識を、相互の関連性のある知識体系として作り上げていく。知識が増えれば増えるほど、相互の関連性で繋がる場面が多くなり、それが新たな気付きを生み、新しい発想や直感として、各々の場面で出現する。

それが知性の生産活動であり、自分の個性を作り出す。

つまり、個性は無意識領域に宿るのだ。

無意識領域は、日々の学習によって分厚く成長する。だから、年齢を経ることによって人は成長し続ける。

日々、学ぶべき知識は、税法でも、経済学でも、文学でも、数学でも良い。しかし、私達は税法を学ぶことによって、日々、自分を育てるという有利な状況で生活している。

これを一石二鳥というのだろう。

## 第71 名義預金と名義株

相続税の調査における主人公は名義預金と名義株だ。

まず、名義預金から検討してみよう。

「10年前から自分名義の預金なのだから既に時効だ」と専業主婦の妻が主張する。通帳や印鑑の管理を妻が行っていたとしても、法律の理屈として、妻の主張を認めることは難しい。なぜなら、法律上の立証責任は、資産の取得原因に遡るからだ。

仮に、土地について所有権を考えてみよう。「私の所有だ」と主張するだけでなく、取得の原因に遡って「平成24年4月1日に山田太郎から購入した」ことを立証しなければならない。

さて、妻名義の預金だが、これが妻の財産だと主張するのであれば、その資金が、誰によって、どこから取得されたかを立証しなければならない。妻の両親からの相続か、妻が働いていた頃の給与か、あるいは夫からの贈与なのか。そして、贈与であれば、贈与契約の成立を具体的な事実として立証しなければならない。それが可能だろうか。

次が名義株だ。

父親が経営する会社の株式の一部が長男名義になったのは、いまから30年も遡り、長男が18歳の時だったとしよう。そのような事案では課税庁は次のように主張するだろう。

「自分名義になった事実を覚えているか。もし、覚えていないのなら相続財産だ」

しかし、そのような無茶な立証が許されるはずがない。では、名義株の真実の所有者は誰と判定されるべきだろうか。実は、これが難しい問題なのだ。父親の真意が、長男への贈与なのか、長男の名義を借用した通謀虚偽なのか。それは誰にも判定できず、恐らく、父親自身も理解していない事柄だからだ。

では、そのような名義株について、どのような証拠で、誰を真実の所有者と判定するのだろうか。取得原因に遡った立証ができない限りは、間接証拠で判定しなければならない。配当を受け取っているか、株主総会に出席しているか等の間接事実だが、これも決め手にはならない。利息を受け取っていても、名義預金が名義人の所有にはならないように、配当を受け取っていても、名義株は名義人の所有にはならないからだ。

では、現場では、どのように判定されるのか。恐らく、〝ふっかけ〟だろう。「これは名義株なので、相続財産に含まれる」と税務職員が主張し、それが納税者側の税理士に受け入れられれば、そのような処理になり、それが受け入れられない場合は、さらに議論が続く。税務の現場は、真剣勝負なのだ。

# 第72　弁護士の常識

弁護士業界には独自の常識がある。

この常識を理解しないと、交渉の当事者である一般素人は、弁護士に心の中をかき乱されてしまう。

そこで、弁護士の常識を語ってみようと思う。

まず、進行は1カ月単位という常識だ。

法廷期日が開かれるのは1カ月ごとになっているが、それが弁護士の時間の単位になり、法廷を使わない交渉事でも、弁護士から回答が来るまでに1カ月を待たなければならない。そして、弁護士が介入した交渉事の解決には短くても10カ月、長ければ1年半を要することになるだろう。だから、当事者は交渉が進行中であることを忘れてしまわなければならない。明日には回答が来て今月末には解決できるなどと期待していては身が持たない。

弁護士にも種類がある。

司法試験には合格率3・2％の時代から最近の合格率48％まで幅があり、弁護士経験1年生から40年生までの幅や、ボス弁の事件処理方針に従うイソ弁から、一匹狼（一匹羊の場合が多い）の町の弁護士までの幅がある。100人の弁護士が存在すれば100の主張が登場し、誰もがそれが真実だと主張する。弁護士の発想に標準値は存在しないのだ。

弁護士は正義を知る必要がない。

相手方の弁護士に真実を理解してもらおうと努力することは、ほとんど不可能だろう。弁護士が守るべきは依頼者の利益の一点に集約される。もちろん、各々の弁護士は仕事を選んでいるが、しかし、最終的には、どのような嘘つきの依頼者も自分を弁護してくれる弁護士を捜し当てるのだ。

弁護士の発言は、主張であって、真実ではない。

被告人は無罪だと主張する弁護士に、「本当に無罪か」と聞いてみたら面白いと思う。「いや、これは主張だ」と返答するだろう。民事事件でも同じことだが、主張するだけなら、自分の倫理観を痛めず、どんなことでも主張できる。

思い込みは弁護士の個性だ。

仮に、100に3つの有利な事実しか存在しなくても、3つの有利な事実があれば、それを真実だと主張するのが弁護士という職業だ。相手方に有利な97個の事実を主張する義務は、弁護士には存在しない。

弁護士という戦場に住む人たち。

その心を平和な村に住む人たちが理解するのは難しい。

## 第73 裁判は人を狂わす

裁判が人を狂わす。

そのような視点が存在するように思う。変わり者が裁判をするのではなく、裁判が変わり者を作り出してしまうのだ。

裁判手続では、自己の正当性を主張するために相手方を攻撃し、貶めなければならない。そのためには、自己に有利な事実のみを取り上げ、それを誇張して主張することが必要になるのだが、その主張を一番身近で聞くのは当事者自身だ。何しろ、自分の口に一番近いのは自分の耳だからだ。そして、自分の言葉で自分自身を洗脳してしまう。

訴訟に勝つために弁護士が書面に書き連ねる誇張した主張も、当事者の確信をさらに高めてしまう。自分の主張が弁護士によって書面になり、裁判所に提出されるのだから、それが間違いであるはずはない。

当事者は、訴訟の勝敗に加えて自分のプライドを賭けて戦う。

敗訴による実害よりも恐ろしいのは、敗訴することによって傷つく自分のプライドだ。その不安感が当事者の冷静な認知能力を低下させ、ありもしない事実や悪意を認識させてしまう。

それが裁判の興奮だ。

裁判と同様に自分の基準点を狂わせてしまうのが、喧嘩、飲酒、性的興奮だ。いずれも後に冷静になってみれば、そのとき如何に自分が異常だったかが思い返される。しかし、喧嘩、飲酒、性的興奮は一時的な現象だが、裁判は、裁判が終わった後にも後遺症を残す。

裁判には常に敗訴の危険がある。敗訴した場合に、自分の認識と裁判の結果という矛盾した二つの事象の整合性を求めようとすれば、いままで自分が築いてきた判断軸にまで後遺症を残してしまうかもしれない。

しかし、勝訴すれば良いというものでもない。自分の主張を裁判所が認めたという全能感が、将来の自分の判断基準に影響を与えてしまう。競馬で大穴を当て、株式投資で大儲けをした全能感だ。ただの偶然が、自分の判断基準を狂わせてしまう。

裁判中に、自ら墓穴を掘り、人生を壊してしまう人たちを見かけることが多い。当事者には、裁判期間中も冷静さを維持して貰わなければならない。そして、敗訴と勝訴の結果に影響されない確かな判断基準を確立して貰わなければならない。それができず、裁判の興奮に耐えられない人たちは裁判に近づいてはならない。

それが裁判沙汰を嫌った先人の知恵なのだ。

# 第74 それぞれの10年

最初の10年、次の10年、最後の10年、オマケの10年。

私の弁護士業をふり返ってみれば、このような経過だったと思う。

最初の10年は全てが面白く、全てが経験だった。借家や借地の紛争、売買契約の効力や時効取得、土地の所有権をめぐる紛争、離婚、相続、特許、労働訴訟など、全てが好奇心をくすぐる新鮮な経験だった。

次の10年も経験を積み上げる10年だったのだが、いま思い返してみれば依頼者側の視点は異なっていたと思う。既に経験を積んだ中堅の弁護士であり、だからこそ私のアドバイスを素直に聞いてくれる依頼者が多くなっていた。

そして最後の10年では裁判官が年下になってしまうという驚きに遭遇した。弁護士は、多くの場合、裁判官を自分よりも上に置く。その裁判官が年下になってしまえば、彼らの経験不足や思考過程が見えてしまう。経験や知識不足を取り繕うための傲慢さや、裁判官の自己保身的な上から目線が見えてしまえば、裁判など面白くもない。それに経験不足の裁判官に裁かれる裁判制度自体が博打でしかないことに気付かされる。

そして、オマケの10年なのだが、これはボランティアの時代だろう。稼ぐべきは最後の10年までであり、今の楽しみは、習得した知識と経験で依頼者の悩みやトラブルを解決し、彼らの笑顔を取り戻すことだ。しかし、オマケの10年こそが知識を生かす10年だ。過去の経験があってこそ判断できる事象があり、積み上げた経験に裏打ちされた言葉だからこそ説得できる人生がある。

どのような職業に就いても、最初の10年、次の10年、最後の10年、オマケの10年という時の流れは存在するのだろう。私には、税理士の10年を定義することはできないが、仮に会務活動に熱心になっている同業者をみかけると、彼はオマケの10年に達してしまったのだと思う。

誰でも幾つかの「10年」を経て経験を積んでいく。そして、最初の10年の経験が、次の10年の実績を作り出し、その10年の実績が最後の10年の洞察力を生み出す。そうすれば満足した気持ちでオマケの10年にたどり着けると思う。

自分の人生を10年で区切って振り返り、今後の人生の10年を想像してみることも無駄ではない。

さて、この雑文を読んでいる読者は、どの「10年」にいるのだろうか。

# 第75　3つの価値観

法律解釈には3つの説が登場する。

積極説、消極説、折衷説だ。

法律家は1つの事象を3つに分類し、頭の柔らかさの訓練をする。もし、1つの解釈しか思い付かないとしたら、それは法律家ではなく、狂信者だ。

その視点で、世の中を3つに分類してみようと思う。まず、①社会の価値観、②家庭の価値観、③個人の価値観の3つだ。

その中で特に大きな影響を与えるのが家庭の価値観だろう。

自分が育った家庭の価値観の中に住む限りは気がつかない空気のような存在だが、他の価値観の人たちに触れると、それが空気のような大きな違いだと気付く。家庭の価値観を作り出せた夫婦は「似たもの夫婦」になるが、これが作り出せなかった夫婦は離婚の危機に遭遇する。

では、家庭の価値観はどのように作られるのだろうか。

それには、家庭の職業が大きな影響を与えると思う。

①医者や弁護士などの資格商売の家庭、②会社員や公務員などの勤め人の家庭、③事業経営者の家庭という3つの家庭だ。

これら3つの山に住む人たちの価値観は大きく異なる。①に住む人たちは、資格で保護された安定感と社会の評価の中に安住する。この人たちに②や③の人生を提供しても引き受けては貰えないだろう。

②の人たちは、役所や会社という組織の中で自分に与えられた役割を演じる安定感を好む。この人たちには、①や③という職業は責任が重く、自分には務まらないと考える。そして③を実践する人たちには①や②の人生は自由がなく、つまらない人生に思える。

ただ、そう思えるのは各々の業界で成功し、山の頂上に住む人たちだ。成功した人たちには自分の山が一番に高く見える。だから子供達を自分達の山に住まわせたがるのだが、その業界では成功できず、山の麓に住む人たちには、他の山の方が高く見える。だから子どもたちを他の山に登らせたがる。

これは、実際にハイキングで山に登った際の景色と同じだ。

山登りの途中では、自分の山の頂上は見えず、隣に並ぶ山の頂上が見える。しかし、頂上にたどり着けば、回りの山々の頂上は足元に見えるはずだ。

さて、自分が、どの山に住み、どの価値観を持っているのか。

3つの山に住む3つの価値観。

他人の価値観が実感として理解できたら面白いと思う。

# 第76　税務職員の隣に座れ

「税法は嫌いですか」と聞いてみたくなる税理士に遭遇することがある。税法を、不完全で矛盾のある法律と位置付け、国民の権利擁護の規定が不足していると批判する人たちだ。「税務職員は嫌いですか」と聞いてみたい税理士に遭遇することもある。

しかし、そのような発想は税理士自身のストレスを増やしてしまうだけだろう。税法と共に民法や会社法を扱う弁護士の立場で指摘すれば、民法や会社法に比較し、格段に完成度が高いのが税法だ。自己株式の処理や役員給与、みなし贈与や相続財産の評価など、経済事象から生じる全ての課税関係について、国税六法の間に整合性を確保し、かつ、大量の通達を準備して税法解釈の助けとしている。

そして、検察官や裁判官に比較し、格段に丁寧な対応をしてくれるのが税務職員だ。

私は、税務調査では税務職員の隣に座れとアドバイスしている。いや、物理的に税務職員の隣に座るのではなく、心理的に隣に座るのだ。なぜなら税理士と税務職員は同業者だからだ。税法という共通言語を話し、酒を飲んでも税法の話をする人たちは、税理士と税務職員以外に存在しないと思う。

税務職員が仕事に熱心なことは、誉められることであっても、非難されることではない。仮に、税務職員の能力が劣っていたら、それは納税者にとって喜ぶべきことであっても、悲しむべき事柄ではない。なぜ、税務職員は仕事に熱心なのだろうか。嫌がらせをしても引き下がらず、調査を妨害しても妥協しない。ノルマがあるという指摘もあるが、しかし、ノルマはどのような職業にも存在するだろう。税務職員が仕事に熱心なのは、彼らが自分の職務に誠実だからだ。税理士に嫌がらせをされて引き下がっている税務職員や、調査の現場で妥協してしまう税務職員がいたとしたら、彼らを肯定する気にはなれないだろう。

税法の完成度を理解し、彼らの誠実さに気がついたら「税法は嫌い」「税務職員は嫌い」などという発想は登場しないはずだ。逆に、自分自身の「無知と不誠実さ」に顔を赤らめる以外にない。

税法の完成度を理解し、税務職員の隣に座る。

そのような発想で税務調査に応じたら、税務調査のストレスは大きく軽減されると思う。

# 第77　遺留分減殺請求

遺言書の作成や遺産分割など、相続事案で無視できないのが遺留分だ。

なぜ、遺留分という制度が存在するのだろうか。

歴史は古代ローマに遡る。古代ローマでは、家長は絶対的な財産処分権を持ち、家長による財産処分は完全に自由だった。遺産の全てを第三者に遺贈してしまうことができた。しかし、それでは残された家族の生活が成り立たない。そこで家族の救済のため、遺産の一部を家族内に留める義務を課した。それが遺留分の始まりだ。

遺留分はゲルマン法にも存在したが、ローマ法とは反対の立場だった。ゲルマン法では、家産は家族の共有であり、家長にも処分権限はなかった。しかし、婚姻外の子などの養育の必要から、家産の一部について家長の自由処分権を認めた。

日本はゲルマン法に倣い、家産制度である家督相続と共に遺留分制度を採用した。家督相続人が承継すべき家産が侵害されたときに、遺留分が行使されるという作りだった。

しかし、戦後、家督相続が廃止され、遺留分について新たな位置付けが必要になった。それが現行民法による遺留分制度なのだが、制度の趣旨は次の2点と説明されている。遺産には近親家族の潜在的持分が含まれていることと、未成年の子など家族を扶養するための資産の確保だ。

しかし、平成20年に導入された経営承継円滑化法は遺留分制度を否定してしまった。推定相続人の相続前の合意によって、遺留分を制限することを認めてしまったのだ（同法4条）。最終的には裁判所の判断が必要（同法8条）だが、事業承継の必要性を判断する能力は裁判官にはないだろう。２０００年の歴史を持つ遺留分制度が、事業承継というテクニカルな理由で否定されてよいとは思えない。

しかし、遺留分制度にも制度疲労がある。最近の相続に登場するのは50歳、60歳を超えた相続人だ。さらに相続財産は先祖伝来の土地建物ではなく、両親が自ら獲得した財産である場合が多い。いま遺留分で保護されるのは、未成年の子供たちでなく、相続人の老後の生活だ。

遺留分があるが故に紛争になってしまった相続事案は多い。逆に、遺留分があるが故に救われた相続人も多い。遺留分減殺請求を受けたときには、それが古代ローマに遡る制度だと思い返してみれば、遺留分に悩まされたのは自分だけではないと、少しは心が落ち着くかもしれない。

# 第78　倫理の基準

世の中には多様な節税手法がある。

相続税についての、いわゆる「A社B社方式」に始まり、配偶者や子を祖父母の養子にしてしまう方法、土地や同族会社株式の生前贈与、消費税についての子会社方式や自動販売機節税、さらには節税保険への加入だ。

さて、このような節税手法を実行すべきだろうか。

実行するとして、どこまでの手段を採用すべきだろうか。

「A社B社方式」を採用し、上手に相続税を節税してしまった納税者は多いと思うが、しかし、この手法を採用したために破産せざるを得なくなった納税者も見受けられる。

同族会社株式や土地を生前贈与したものの、その後のデフレによって贈与財産が大きく値下がりしてしまった事案や、消費税について子会社方式を採用し、査察事案になってしまった納税者も存在する。節税テクニックが、増税テクニックになってしまった事例だ。

では、節税効果とリスクを秤にかけて、より安全な節税策なら実行しても良いのか。例えば、孫を養子にしてしまう手法だ。

だが、仮に、3歳の子を祖父母の養子にしたとして、その子が成人し、婚姻することになった段階で、戸籍の汚れは相続税の節税のためだったと税理士は弁明できるのだろうか。

では、どこまで節税手法を実行すべきか。

その場合の判断基準は「自分なら実行するか」だと思う。税理士自身が、自己の相続税対策として子を祖父母の養子にし、賃貸物件を建築する際に自動販売機を設置し、利益の繰り延べのために節税保険に加入している。そのような手法を自ら実行している税理士であれば、それを納税者にアドバイスしても良いと思う。

しかし、自らは、そのような手法を実行しないにもかかわらず、納税者にはアドバイスする。それでは納税者の倫理観を、税理士よりも下に置いてしまうことにはならないだろうか。

納税者は、税法的な倫理観を持たない。もし、自動販売機を置くことによって数百万円の消費税が還付されるのなら、それを実行すべきは当然と考えるだろう。それを正義ではないと判断する倫理観を、一般の納税者は学んではいない。

その倫理観を教えるのも税理士の役割だと思う。

役立つ税理士として評価されたいという欲に負け、俺は優秀だという知恵に溺れ、納税者に損失を与えてしまった税理士は多い。

## 第79 善意が商品、感謝が報酬

事務所を移転することになった。

設計と内装工事を業者に依頼し、詳細な打合せを繰り返す。どのように間仕切るか、ドアの大きさから材質、ドアノブの形状や、本棚、サーバー、コピー機の置き場、机の配置や応接間のデザイン。そして見積書が提出される。間仕切り、ドア、ドアノブ、書庫の値段等の内訳が書かれた見積書だ。

しかし、本当の価値は設計者の熱意とセンスだろう。設計者のセンスによって全く異なる事務所が完成する。良い事務所と、さらに良い事務所の違いだ。イメージは設計者の頭の中で作られるのだが、それを作り出すのは仕事に対する熱意、顧客に対する誠実さ、そして、日々、仕事をするために磨き上げた設計者のセンスだ。だが、その料金は見積書には計上されない。

なぜ、設計者のセンスは見積料金に計上されないのか。

その対価は、工事料金ではなく、顧客の満足と感謝だからだ。

設計者の作業は24時間勤務だ。設計図面を目の前に置いた時だけではなく、食事中も、通勤の時間も、休日で休んでいるときも、さらには睡眠中も、設計者の頭の中には私の事務所のレイアウトが存在し、創意工夫が繰り返されているのだろう。そして、唯一無二の商品が完成する。

それがクリエイティブな仕事なのだが、それは私たちの仕事にも言える。

顧客には、専門家の作業しか見えないかもしれない。税理士の場合なら作成した申告書であり、弁護士の場合なら、作成した訴状、答弁書、準備書面だ。しかし、そこに書き込まれる金額、あるいは文章は、専門家の熱意、誠実さ、そして日々研鑽したセンスから作り上げられる。

さらには訴訟を断念させるという判断や、妥協し、和解を申し入れるという判断など、顧客の意向に添わない方針で顧客を説得することもあるが、それも、その一人の専門家が作り出す唯一無二の判断であって、他の専門家なら、また別の判断を作り出すだろう。

それが専門家の価値だ。

だから、私たちは、日々、仕事に対する熱意、顧客に対する誠実さ、そして、日々、仕事をするためのセンスを磨き上げる努力を怠ってはならない。

逆に言えば、これらが無くなり、判断に悩まなくなったら、それが退職時なのだろう。

## 第80　持ち家か、借家か

持ち家か、借家か。

これを判断するためには持ち家と借家の間に、アパートのオーナーになった自分をイメージしてみればよいと思う。いま貸家に投資すべき時期ではないだろう。土地を取得し、アパートを建築しても採算に乗せるのは難しい。さらに10年後、20年後には空室リスクを抱えることになってしまう。しかし、自分が借家人になった貸家業なら空室リスクは存在しない。それが持ち家だ。30年間の借家人が保証された貸家業なら、思い切って投資をしてみる価値があると思う。

では、戸建てにすべきか、マンションが良いだろうか。

日本人は、土地については学習を続けてきたが、マンションの学習は経験不足だ。まず、マンションは不動産なのか、減価償却資産（乗用車と同じ）なのか。これは減価償却資産と定義すべきだろう。つまり、超高層マンションを購入することは、耐用年数30年の高級外車を購入するのに等しい。物理的な耐用年数は50年でも、機能的な耐用年数は30年だ。30年間の使用を終える前に転売するか、あるいは廃車になるまで乗り潰すしかないだろう。しかし、残りの人生の長さを考えてみれば、一台の車で一生を過ごすことは難しい。

次に、いま購入すべきか、様子を見るべきかが問題だ。

これが昭和の時代なら、不動産の取得は常に「今」だった。毎年、地価が10％も値上がりした時代では、先送りすればするほど購入は難しくなってしまう。しかし今は平成の時代だ。土地は毎年値下がりしているのだから、先送りしても購入が難しくなることはない。

さらに転勤が予定されているなら自宅の購入は先送りすべきだろう。マンションは高級外車なのだから、新車の時代を他人に貸して、中古になってから返して貰っても意味はない。自宅は若いうちに取得すべきだという思い込みからマンションを取得し、一度も住むことなく転勤を続けている人達を見聞きする。そして他人に貸した物件は、自分で使用する場合の2倍のスピードで劣化していく。

しかし、最終的な目標は戸建ての持ち家だろう。借家の家賃に税法的な補助は無いが、持ち家の取得には住宅ローン控除という優遇がある。しかし、もっとも多額の優遇を受けるのは、帰属家賃に対する課税のない持ち家だ。つまり、持ち家に住むことによる利益は非課税なのだ。そして、借家するとしたら月額50万円、あるいは80万円にもなる持ち家に、家賃を意識することなく住まうのが〝持ち家〟族だ。これこそが究極の贅沢だ。

# 第81　パソコンとネットの時代

失われた10年、20年と言われながらも、毎年のように生活水準は向上している。食べ物は美味しくなり、停電や断水はなくなり、ラッシュアワーも解消された。ガラス張りのオフィスビルはバブルの頃よりも贅沢になり、丸の内周辺の高層ビルは、ついにニューヨークのマンハッタンと同じになってしまった。

なぜ、そのような社会が実現したのか。

その理由はパソコンとネットにある。

パソコンとネットが出現した頃、これで働く人達の余暇が増えると予想した。しかし、現実は逆だった。作業効率が4倍になれば、8時間のうち6時間の余裕が生じるはずだったのだが、その余裕もまた、仕事に注ぎ込まれている。4倍の速度でサービスや商品を作り出せる社会が実現し、それが生活レベルの向上として還元され続けている。

しかし、パソコンとネットの時代は格差社会を生み出してしまった。パソコンによる作業効率の上昇で、生産性を高めて所得を増やした人達と、その人達に職場を奪われた人達の貧富の差だ。仮に、作業効率が4倍になれば、4人のうち3人が失業することになってしまう。

商店街を見てもパソコンとネットの威力が実感できる。物流、情報、品質管理にパソコンとネットを利用する店舗は成長し、それ以外の店舗は衰退している。町の小売店、不動産仲介業者、個人の飲食店が無くなり、フランチャイズの店舗が増え続ける。生産性を高めることができなければ販売単価を2倍、4倍に引き上げる必要があるが、それは無理というものだ。

弁護士業界では、過払い金返還請求事件がカネ儲けの勝ち組になっているが、これもパソコンとネットによって為しえた成果だ。電卓で過払い金額を計算する必要があったとしたら、過払い金返還請求事件はそれほど魅力的な業務にはならなかったはずだ。それに対し、古典的な法廷活動にはパソコンとネットによる生産性の向上はない。

このように分析すれば未来が見えてくる。パソコンとネットを活用して生産性を上げる。そのような事業は生き残り、そうでない事業は衰退する。

「経営を続けるべきか否か」

そういった相談の判断基準はパソコンとネットではないか。

効率性とは無縁の法廷活動をしている弁護士は、販売単価を4倍にしなければ生き残れない。

さて、税理士業は如何だろうか。

# 第82　ピラミッドを登る不幸

「2割8割の法則」をご存知だろうか。

社会の富の8割を2割の人達が独占し、残りの2割を8割の人達が分け合っているという法則だ。社会現象に限らず、自然現象など、多様な場面で見られる「べき分布」の経験則で、経済学者のパレートが発見した。

しかし、2割8割の法則が存在するのなら、8割2割の法則も存在するのではないか。世の中の8割の人達が持っている資産も持てない残りの2割の人達だ。つまり、世の中には「2割6割2割」の法則が成立するのだ。

そして、2割6割2割の格差が多くの不幸を作り出す。仮に、努力し、東京大学に入学できたとしよう。その次には職業を選択するというステップがあるが、そこで満足できる職業に就ける人達は2割だろう。妥協できる職業に就けた6割の人達と、それにも就けなかった2割の人達が残る。残った2割の人達にとって、東大卒という肩書きは、その後の人生における重荷でしかない。ピラミッドを登り、上位2割になってしまった故の不幸だ。

誰でも、可能性を求めてピラミッドを登る。ピラミッドを登れば、そこにある全ての選択肢が手に入ると思うからだ。しかし、登ってみて初めて選択の幅が狭くなってしまったことに気づかされる。

仮に、「東大卒、フランス語堪能、美人」という女性と、「某短大卒、日本語堪能、それなり」という女性のどちらが幸せな結婚をするだろうか。フランス語堪能の女性にとっての選択の幅は2割だが、日本語堪能の女性にとっての選択の幅は8割だ。いや、高望みをしているのではない。ただ釣り合いを考えているだけだ。

では、それらの挑戦に勝ち続けて成功者になったら、それで幸せだろうか。成功者の不幸は子供達に引き継がれる。上手に親の成功が承継できた子と、承継できなかった子、それに親の成功に潰されてしまった子の3人だ。そして、これは親の不幸でもある。子育てを3分の1の成功と割合で論じることはできないからだ。

人が暮らせば必然的に出現する2割6割2割の社会。そして、そのような社会が存在すれば必然的に出現するのがピラミッドを登った人達の不幸だ。そこにはピラミッドを登れなかった人達とは異質の不幸が存在する。

もし、私は負け組に属するかもしれないと落ち込んだときには、ピラミッドを登った人達の不幸を考えれば、少しは心が晴れるかもしれない。

# 第83　時価承継と簿価承継

合併は時価承継が基本だ。企業結合会計基準に定める「取得」の概念だが、例えば、関西電力が東京電力を吸収合併する場合になぜ時価承継になるのか。その理由は、日本と西欧の企業統治の違いにある。日本の社長は、結局は平社員の成れの果てだ。社長という肩書きをつければ年収5000万円でも喜んで働いてくれる。しかし、西欧の企業の社長は傭兵だ。彼らは働きに応じた報酬を要求する。そして、彼らの働きを評価する成績表が損益計算書なのだ。もし、彼らが簿価承継の国に住んでいたら、次のように利益を作り出してしまうだろう。

まず、簿価1億円で、時価10億円の土地を所有する会社を探す。そして、その会社を吸収合併し、簿価承継で取得した土地を売却する。そうすれば9億円の利益が計上できてしまう。そのような処理を防止するために導入されたのが時価承継の理屈なのだが、ここでいう「時価」は、承継した資産の時価ではない。合併に際して交付した株式の時価なのだ。そして、株式の時価と、承継した資産の時価との差額が「のれん」、あるいは「負ののれん」として計上される。

時価承継か、簿価承継かは税法の分野にも登場する。適格合併であれば簿価承継だが、適格要件に欠ける場合は時価承継になる。なぜか。これは簿価承継で取得した含み損益の利用を防止するためだ。仮に、今期に10億円の利益を計上する見込みがある場合に、簿価10億円で、時価1億円の土地を持つ会社を吸収合併し、その後、承継した土地を売却し、譲渡損9億円を計上して、営業利益10億円と相殺してしまう。そのような節税は防止しなければならない。それが、グループ内の合併を例外として、グループ外から持ち込んだ含み損益の利用は認めない組織再編成税制の思想だ。

簿価承継による節税が可能なのは法人だけではない。バブルの頃に父親が5000万円で購入した土地が、いま2000万円に値下がりしている。相続時精算課税を利用し、その土地を息子に贈与し、息子はこれを第三者に売却する。取得価額を承継した息子は3000万円の譲渡損を計上し、これを息子自身の事業所得と通算してしまう。そのような節税策を防止するのが平成16年に遡及立法の危険を冒してまで導入された土地譲渡損益の通算禁止の特例だ。

「最近、会計と税法の理屈が難しくなった」と考える人達は多いと思う。その一部は簿価承継と時価承継の理屈が原因だ。ここの理解を深めることが、会計と税法をより面白くしてくれる。

# 第84 タックスドリブン

商法が改正され、会社分割が可能になった。

しかし、会社分割に対応する税法が発表されない限り、誰も実行しない。これは信託法の改正や一般社団法人、一般財団法人の導入についても同様だ。それらに対応する税法が発表されない限り、誰も実行しない。つまり、世の中は税法主導（タックスドリブン）なのだ。

上場会社についても同様だ。公開買付や、少数株主を排除するために行う全部取得条項付種類株式の利用、そして株式交換、乗っ取りを防止するために採用された新株予約権の無償割当など、全て、課税関係の理解なくしては実行できない。いまクリエイティブな仕事をする人達に、税法は不可欠なのだ。

２００人、３００人規模の法律事務所が出現しつつあるが、それらの事務所が求めているのは税法の知識だ。そして公開買付などの課税関係について、税理士よりも詳しい弁護士も現れ始めている。しかし、税法は包括体系なのだ。仮に、合併を行った場合でも、法人税法という1つの税法が登場するだけではない。合併比率は贈与税の問題であり、合併対価に配当部分が含まれれば源泉所得税の問題になり、合併後の株式の評価は相続税にまで影響を与える。消費税の課税関係や、適格合併か否かは不動産取得税の問題でもある。

そして、税法主導（タックスドリブン）の発想は合併などの特異な事象に限らない。仮に、損金に計上できる１００万円なら、その実負担は50万円を割り込むかもしれない。経費に計上できない１００万円の交際費は２００万円の負担になってしまう。善意で行った贈与が、連帯納付義務として自分に跳ね返ってくるかもしれない。二世帯住宅にするか否かが相続税額に数千万円の差異を生じさせてしまう。

税法を、税務調査の場面、さらには税務訴訟に利用するだけなら創造力は不要だろう。しかし、少しでもクリエイティブな仕事をしようと思えば、それはタックスドリブンの世界なのだ。

ただ、税法主導だからといって、税法を基準に事柄を考えてはならない。節税を目的としてアパートを建築した人達の失敗例は多い。非課税の特例があるからといって、自分の生活を顧みることなく子供達の居宅の建築資金を贈与してしまうのも問題だと思う。

税法が主導するが、税法に主導させてはならない。

その塩梅を知るのは、タックスドリブンの世界に住む税理士に限られるだろう。

# 第85 社会科学における3つの発明

社会科学における最高の発明は株式会社だろう。当初、貿易は一航海ごとに資金を集め、積み荷を積んで帰国した後には、それらを売却し、代金の全額を投資額に応じて分配してしまう方法だった。しかし、航海ごとに清算をしてしまうのでは永続的な事業は営めない。

そこに登場したのが株式会社制度だ。株主は有限責任で、出資の払戻しは認められず、利益のみを配当する方式で、これによって継続的な事業経営が可能になった。それが現代に続く株式会社という仕組みだ。世界初の株式会社はオランダに設立された東インド会社だが、それは１６０２年のことだった。

2番目の発明は15世紀頃に完成した複式簿記だ。財産と損益を管理し、期間ごとの所得を算出して株主への配当を行う。そのような制度は複式簿記の存在なくしては実行不可能だ。実在する資産を借方に、資金の拠出側である外部資本（負債）と自己資本を貸方に置き、一定期間の自己資本の増減を損益計算書に記録する。株式会社制度と複式簿記は共に成長してきた双子の兄弟だ。

3番目の発明は、それよりもずっと遅れ、19世紀頃に導入された超過累進税率だろう。自由主義経済は税負担なくしては存在し得ない。社会コストを負担することで成り立つのが経済活動だが、その負担は公平でなければならない。

しかし、公平には幾つかの種類がある。①1人当たりの負担を同額とする人頭税、②使用量に応じて平等の負担をする消費税、③担税力に応じた負担をする所得税（超過累進税）だ。全て公平な税制だが、その中で一番に優れているのが③の超過累進税率だろう。195万円までの所得には5%、それを超えて330万までの所得には10%、さらに695万円までは20%の税負担と続く。超過累進税率は「金銭の価値」に関する経済学の理屈、つまり、限界効用逓減の法則に従った税制だ。

そして、超過累進税率は経済政策にも適合する。所得の少ない者には少なく、所得の多い者には多くの所得税を課税し、それらを財政支出として国民に平等に還元する。これが自動的に所得の再分配機能を果たし、高額所得者が退蔵してしまう余剰な所得を吸収し、有効需要として社会に還元する。

これら優劣がつけられない3つの発明があってこそ成り立つのが税理士という職業だ。

日々、何気なく行っている仕事について、歴史の流れを感じて頂けただろうか。

# 第86 定年は75歳

税理士の定年は75歳だろう、いや85歳かもしれない。

なにしろ平均年齢が63歳の業界だ。

「歳をとったら毎年の税法改正は辛い」。そのような声を聞くことがあるが、それは杞憂だろう。ある実験の結果では「歳をとると記憶力が悪くなる」と説明してテストすると、高齢者の成績は悪くなるそうだ。しかし、そのように告げずにテストを行うと、若年者と比較して有為な差異は生じない。つまり暗示にかかってしまうのだ。

「歳をとると物忘れがひどくなる」。それも思い込みだろう。仮に、小学校1年生なら、彼の頭の中にあるのはクラス30名の級友の名前だけだ。しかし、社会に出れば、頭の中には500人、あるいは1000人を超す人達の名が保存される。その中から目的の氏名を検索しなければならない。大量の本が収納されている図書館で目的の本を探すのと同様に、大量のデータを保存した頭の中から目的のデータを探し出すのに時間を要するのは当然なのだ。

「名前を覚えられなくなったのは歳のせいだ」。それも違う。誰でも、昔から記憶力は悪いのだ。これは、中学生の頃、単語カードを作り、何度も繰り返して学習したことを思い出せば納得できると思う。始めから覚える気もなく名刺を交換しながら、名前が覚えられないと嘆くのは筋違いだ。「年齢と共に脳細胞は減少する」。そのような理解は間違いであり、逆に、記憶の中枢を占める海馬の細胞は適度な刺激によって増加する。それも最近の研究によって明らかになっている。

毎年、改正税法を学習する必要があるのが税理士だが、それ故に、毎年、知識が更新され、専門家の存在価値が陳腐化しない業界でもある。税法の改正は、昨年の税法の上に積み上げられる連続性のある改正だから、今年の改正の理解には、昨年の税法を知っている人達が格段に有利になる。ただ、一度でも改正税法の学習を怠ってしまえば、その後のフォローは辛くなってしまうだろう。連続性が欠けてしまえば、改正の前後関係も分からなくなってしまうからだ。

昨日の経験と知識を積み上げて、今日の自分ができあがる。なぜ、歳をとると能力が落ちるという逆転した発想が生じるのだろうか。能力は、年齢と共に向上することはあっても、後退することはない。

毎年の学習の積み重ねが税法の理解を深め、アドバイスの言葉に経験の重みを与える。自分の努力によって、定年年齢を85歳にも、90歳にも延長することが可能な職業。それが税理士業なのだ。

# 第87 12人の兄弟

所得税の入門は10個の所得を覚えることから始まる。

これをπや平方根を覚えるような暗記法がないだろうか。

そのような発想から登場したのが12人の兄弟だ。

まず、資産家の兄弟になる利子所得と配当所得だ。この2人は源泉所得税の段階で終了するのを原則とする。なぜ、源泉所得税で終わりになるのか。誰も、自分の利子所得が幾らであるかを認識していないだろう。その人達に所得税の申告をして貰うのは不可能だからだ。

次が、商売人の兄弟になる不動産所得と事業所得だ。この2人の所得は収入から必要経費を差し引いて計算する。法人税と同様に期間計算を採用するのも特徴だ。

そして、サラリーマンの兄弟になる給与所得と退職所得だ。収入から給与所得控除、あるいは退職所得控除を差し引いた2分の1を所得

土地建物譲渡所得

有価証券譲渡所得

利子　配当　不動産　事業　給与　退職　山林　譲渡　一時　雑

額にする。必要経費が認識されない2人の兄弟だ。

さらに、大資産家の兄弟に分類される山林所得と譲渡所得だ。長期間にわたって資産を保有し、山林の育成、あるいは値上がり益を狙う。そのような所得に超過累進税率を適用することに問題があるため、五分五乗、あるいは長期譲渡所得の特例を適用する。

そして、山師の兄弟に分類される一時所得と雑所得だ。拾った、貰った、盗んだという所得に課税される一時所得と、どこにも分類されないゴミ箱所得に該当する雑所得で生活する兄弟だ。

さらに、特別に、博打打ちの兄弟に分類される土地建物の譲渡所得と有価証券の譲渡所得で生活する人達がいる。この人達には所得税法ではなく、租税特別措置法が適用される。資本市場の育成、あるいは地価高騰に対する対策として導入された政策法の適用対象だ。

この12人の兄弟のたとえはどうだろうか。

もし、入門者に所得税法を説明する機会があったら、ぜひ、この12人の兄弟を紹介してあげて欲しい。

それが所得税法の学習の第一歩なのだ。

# 第88　脳を鍛える

大学院の非常勤講師として税法を担当しているが、最初の講義で次のように説明することにしている。「ノートをとらないで下さい。記憶しないで下さい。税法は理屈の学問です。理屈を理解して下さい」と。そして、税法の理屈を説明していくのだが、何か、違和感があった。「君達、これは勉強ではない」と。

私の司法試験の受験勉強は独学だった。法学概論から勉強を始め、憲法、民法、刑法、商法、刑事訴訟法と、全てを基本書と問題集から学んだ。大学時代にも法律の講義を受けたことは一度もなく、時間がもったいないので受験塾にも通わなかった。

大学で法律を学び、疑問点を教授に質問し、さらに受験塾や受験サークルに属し、身近に相談できる多数の受験仲間を持つ一般の受験生と比較し、随分と不利な勉強方法だと思っていたのだが、しかし、これは違うのだと今にして気がついた。一番に有利な勉強方法だったのだ。

勉強とは何か。アスリートが、日々、運動して筋肉を鍛えるように、日々、思考し、疑問に悩み、それでも探求し続けることで脳の筋肉を鍛える、それが勉強の目的なのだろう。決まり事を記憶し、理屈まで教えてもらっていては脳の訓練にはならない。アスリートの日々の訓練と同様に、目的は知識を得ることではなく、脳の筋肉の訓練であって、その手助けをするのが良書なのだ。

そこで登場するのが、例えば数学だ。数学を学んでも何の役に立つのかわからないという声を聞くことがあるが、数学は何かに使う学問ではなく、脳の筋トレをするために最適の学問なのだ。これは税法についても同じだ。決まり事を記憶するだけでは筋トレにはならない。それが、なぜ決められたのか。どのような保護法益があり、どのような立法趣旨で制定され、どのようなロジックで構成された理屈なのか。実務に登場した設問の一つひとつについて、深く思い悩むことが脳の筋トレなのだ。

学生や院生には税法を使った脳の筋トレに励んで貰わなければならない。多様な知識を覚え、理屈まで教えられ、それで博識になったとしても、思考力が高まったことにはならない。知っていること以上の応用ができないし、千差万別の事象に税法を適用することができない。

さて、今後、大学院でどのように税法を教えるべきだろうか。

それが、私の今の課題だが、これも思い悩めば答えが見つかるはずだ。

# 第89 戸籍制度のない国

「戸籍制度のない国がある」といったら驚かれるだろうか。

実は、戸籍制度のある国の方が珍しいのだ。戸籍制度があるのは日本、韓国、台湾、中国に限るのではないだろうか。少なくとも米国や英国には戸籍という制度はない。その一点の違いが、社会制度に多くの差異を作り出している。

まず相続税の課税だ。日本は遺産取得者課税で、米国は遺産課税だが、その理由は戸籍制度にあるのだろう。日本では相続人が誰であるかは自明だが、戸籍制度のない米国では相続人が誰であるかがわからない。もし、遺産の取得者に相続税を課税しようとしたら、政府自らが相続人を捜し求めなければならないが、それは不可能だ。そこで米国では、被相続人（死亡者）に相続税を課税することになっている。

米国の相続制度も異なる。米国では、相続が開始するとプロベイト手続によって相続財産の全てが公示され、相続人に名乗り出るように催告される。プロベイトには1年から3年を要し、その過程で連邦相続税を含む全ての債務が精算される。その後に相続人に対して残った財産が給付されるのだ。

そのような面倒な手続を逃れるため、米国では信託制度が利用されることが多い。最近の例では「マイケル・ジャクソンファミリー信託」が話題になった。マイケル・ジャクソンが持つ財産は生前に信託財産とされており、相続の際には、信託受益権が子供達に自動的に移転することになっている。信託を利用すれば相続手続は不要だ。

日本には馴染みがない戸籍が無い社会。その実感をミステリー小説で紹介してみよう。フォーサイスの『ジャッカルの日』だ。ド・ゴール大統領の暗殺を依頼されたジャッカルは、偽名のパスポートでフランスに入国することを計画した。そのためにまず行ったことは、墓地を訪ね、自分と同年代に生まれ幼くして死亡した子供の墓標を見付けることだった。そして、その子の出生届を入手し、それを元にパスポートを入手する。出生届、婚姻届、死亡届が別々に管理される社会では、死亡した人間に対してもパスポートが発行されてしまうのだ。

日本でも、遺産取得者課税を廃止し、遺産課税にすることが提案されたことがあるが、これは歴史と文化を理解しない議論だと思う。外国の制度の一部を模倣しても整合性のある制度は作れない。各々の国には、それぞれの歴史と文化に根ざした法制度が似合うのだ。「外国では」という政府や学者の言葉に惑わされてはならない。

# 第90　競争相手は異業種他社

駅前の百貨店に往事の勢いがない。

なぜ、百貨店は競争力を失ってしまったのか。

実は、異業種他社に市場を奪われてしまったのだ。

家具専門店が家具売り場を奪い、家電量販店が家電売り場を奪い、ドラッグストアが化粧品売り場を奪い、ユニクロが女性服売り場を奪い、スーツのＡＯＫＩが紳士服売り場を奪い、郊外型店舗が百貨店の遊び場効果を奪い、駅中店舗が菓子と食料品売り場を奪い、大量のレストランが食堂街の客を奪い、通販がその他の売り場を奪い続け、世代交代が百貨店の常連顧客を奪い、商品の均質化が百貨店なら安心というイメージを奪ってしまった。「百貨」を売るというビジネスモデル自体が衰退の原因になってしまったのだ。

ここから2つの教訓を得ることができる。1つは、競争相手は同業他社ではなく、異業種他社だということ。2つ目は、その業界を成り立たせていたビジネスモデル自体が衰退の原因になるという現実だ。

融資額を小額に制限して貸倒れリスクを分散する。そのようなビジネスモデルで成り立っていた消費者金融は、被害が拡散されることで社会問題になり、最高裁判決で潰されることになった。郊外に店舗を出店して集客し、店舗敷地の地価を引き上げ、それを担保に融資を受け、さらに新規出店する。そのようなビジネスモデルで成り立っていたダイエーは、地価が下落することで赤字経営に落ち込んでしまった。難しい試験を参入障壁にして、法廷を独占するというビジネスモデルで成り立っていた弁護士は、試験を易しくし、合格者を増員するという制度改革によってエリートから失業者に転落してしまった。

これらの危機は全ての業種について指摘できる。大量販売で成り立つユニクロ、大量仕入れで成り立つ家電量販店、パソコンのＯＳを独占するマイクロソフト、携帯電話で成り立つソフトバンク、ネット広告で成り立つＧｏｏｇｌｅ。全て、予想しなかった異業種他社によってビジネスモデルの存在価値を奪われることで衰退を始めるはずだ。完成してしまったビジネスモデルは、必然的に硬直化し、変化を受け入れなくなってしまうからだ。

さて、税理士業は如何だろうか。税収という国家の根幹を人質にして、知識を補完する会計ソフトと申告書ソフトを利用し、１人の資格者が多数の職員を雇うという資格制度には珍しいビジネスモデルで成り立っているのが税理士業界だ。そのビジネスモデル自体が衰退の理由になり、そして競争相手は異業種他社だろう。どのように衰退するのか、それは誰にも予測できない。

## 第91 赤の女王仮説

親の事業なのだから、子が承継するのは当然だ。

それは昭和の発想ではないか。あの時代は、経済成長があり、インフレがあり、地価高騰があった。事業は自動的に大きくなり、赤字さえ出さなければ資産は増え続けた。注意すべきは得意先の倒産と同業他社との競争だけだった。

しかし、今は違う。

経済成長が無くなり、デフレ経済で、地価は値下がりする時代だ。得意先は廃業し、売上は縮小し、資産価値は減り続ける。そのような事業を子に承継させることができるだろうか。子に承継させる場合は、その後30年間の事業の存続を想定しなければならない。

変化のスピードも違う。競争相手は異業種他社であり、その業種自体が消滅してしまうことも稀ではない。環境の変化に対しては、自らも常に変化し続けなければ適応できず淘汰されてしまう。そのことを進化生物学者のリー・ヴァン・ヴェーレンは『赤の女王仮説』と命名して説明している。『鏡の国のアリス』では赤の女王が次のように語る。「ここではね、同じ場所にとどまるためには、思いっきり走らなければならないの。どこか別の場所に行きたいなら、少なくともその二倍速く走らなきゃ！」と。

親の事業を守り続けるという発想は、『赤の女王仮説』が否定する生存理論だ。

そして、事業承継は二世帯住宅と同じなのだ。親子三代が同居する幸せそうな家庭。親にとっては子供達が同居してくれるので安心、子は親の敷地にマイホームを建築することができるので経済的。良いことずくめの二世帯住宅なのだが、トラブルになってしまった例は多い。

なぜ、トラブルになってしまうのか。

嫁姑の問題ではなく、父子の葛藤の問題でもない。いつも「見える」ことが問題なのだ。この頃、息子の帰宅が遅いが仕事は順調なのだろうか。そろそろ孫を塾に通わせないと中学受験に間に合わないのではないかなど、見えるからこそ気が気でならない。

イギリスからはドーバー海峡を挟んでフランスが目の前に見える。見えるものは無視できないから、侵略に備え、常に緊張状態を維持しなければならない。しかし、日本からは朝鮮半島は見えない。見えないものは無かったことにできるので、対外的な軍備を持たない２６５年間の平和を維持することができた。それが江戸時代だ。

さて、常に、息子の事業経営を見続けることが平穏な生活に繋がるだろうか。

息子の失敗は、取返しのつかない自分の失敗でもある。

# 第92 消費税は付加価値税

法人税や所得税、あるいは相続税や贈与税の担税力は自明だ。しかし、消費税の担税力は見えない。①国内における取引であり、②事業者が事業として行う取引であること、③対価を得て行われる取引で、④資産の譲渡、貸付け、役務の提供という要件が定められているが、なぜ、この4つの要件が登場するのか、その立法趣旨は明確ではない。

仮に、消費税を負担するのが消費者であれば、①は必要だが、②、③、④は不要なはずだ。それに、消費税を消費者に転嫁する法律上の手続が準備されず、転嫁が保証されていない。なぜか。

消費者が負担するという前提がまやかしなのだ。消費税は事業者が負担する付加価値税なのだ。付加価値税と理解すれば、これら4要件が位置付けられる。①は国外で製造した場合との競争の公平であり、②は付加価値を作り出すのは事業者だと説明できる。③は付加価値を計算するための計算要素であり、④は事業者が作り出した付加価値の実現だ。

付加価値税であることを認めてしまえば、消費税の理屈は単純だ。人件費、金融費用、賃借料、租税公課、減価償却費、それに経常利益を加えた付加価値を課税標準として税率を乗じれば計算は完了だ。帳簿というより、損益計算書からだけでも納税額を計算することができるし、課税売上や課税仕入という概念も不要だ。消費税の議論では「仕入側の議論」と「売上側の議論」が混乱してしまうことがあるが、付加価値税なら、会社の内部で作り出した付加価値だけを集計すれば良いことになる。基準年度という概念も、免税業者や簡易課税という制度も必要としない。

昭和62年に登場した「売上税」は付加価値税だった。それが頓挫し、消費税を導入したが、所詮、看板を掛け替えただけの付加価値税だった。では、なぜ看板を掛け替えたのだろうか。

インボイスを導入すれば、益税などが消滅し、公平な消費税が完成すると主張する人達がいるが、それは間違いだろう。インボイスは、単式簿記であり、電卓で計算した以上の正確性は確保できない。納税意識、あるいは納税のインフラが完成していない国々だから必要になるのがインボイスなのだ。

消費税は消費者が負担する消費税ではなく、事業者が負担する付加価値税だ。

この事実を認めてしまえば、付加価値税にも担税力を説明できる租税理論が登場することになるだろう。

## 第93　借方の時代と貸方の時代

10億円の現金があったら何に投資すべきか。

路線価は連続して下落し続け、賃貸物件には空室が目立つ。絶対に安心と言われた東京電力やＪＡＬの株券も紙切れ同然となった。

では、何に投資すべきなのだろうか。

実は、投資をするという発想自体が、既に昭和の発想なのだ。

昭和の時代、そして平成元年にバブルが崩壊してからの20年、さらに、その後の時代。

この３つの時代の経済と投資原理は全く異なることを知る必要がある。

昭和の時代を思い返して欲しい。土地は毎年値上がりし、誰もが土地を欲しがった。信用の基盤は土地であり、手元資金があれば融資を受けて賃貸物件を建築した。一時的な景気の後退があっても、７年後、８年後には景気は回復した。そのような時代の投資原理は「大きな借方」だった。借方の資産

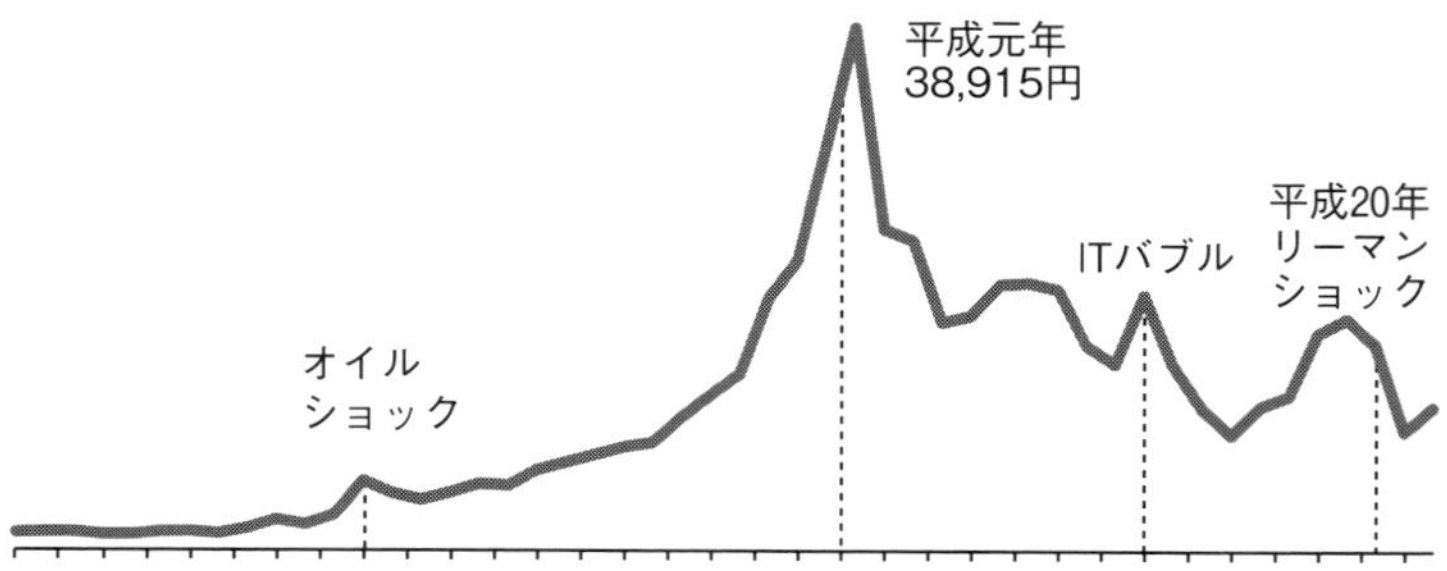

は常に値上がりを続けた。

そして、平成元年にバブルが崩壊して失われた20年を迎えた。しかし、それは後知恵によって判明した事柄であり、その渦中においては、7年後、8年後には景気が回復されると予想された。そして、ミニバブル、ITバブルなどが発生し、7年毎、8年毎の景気変動が実在することを裏付けた。しかし、昭和の時代とは異なり、景気変動を繰り返す度に資産価値は下落し続ける20年だった。

そして、平成21年以降、また、次の時代を迎えた。景気変動の幅は小さくなり、フラットに成長し、あるいはフラットに衰退する経済だ。そのような時代の投資原理は「小さな貸方」だろう。債務を弁済し、資産の値下がりに備え、堅実な財産状態を確保する。

さて、借方に10億円の資金があったら何に投資すべきか。いままで述べてきたところで、設問の答えは明らかになったと思う。いま、一番に有利な投資資産は現金なのだ。デフレの経済では、現金は、常に値上がりを続ける。仮に10億円があったら、三代にわたって潤沢な生活がおくれるではないか。なぜ、それを別の資産に入れ換える必要があるのだろうか。

時代が変わったことを認識せず、昭和の時代の投資手法をアドバイスしてはならない。

各々の時代には、各々の投資手法が存在するのだ。

# 第94 ミラーニューロン

事件を扱っていると、全てが好転する依頼者と、全てが逆転してしまう依頼者がいる。

なぜ、違いが生じるのだろうか。

欲だろうか。金銭に対する欲だけではなく、プライド、名誉、相手に対して優位に立つことなど、様々な欲を持つのが人間だが、それが強い人達が、結局は自分で墓穴を掘ることになってしまう。保証人になることを頼まれ、断り切れずに男気を出してしまう。これなどはプライドという欲だろう。

しかし、これだけでは説明できそうもない。

正義心が強すぎるのだろうか。愛国心や正義は、それが主張されれば反論を許さない強さがある。そのことは石原元都知事と尖閣諸島の例でも説明できるだろう。どちらが悪いにしろ、愛国心を持ち出せば解決策は戦争しかない。

しかし、それでも充分な説明にはならないと思う。そこで思い出したのがミラーニューロンだ。ジアコーモ・リッツォラッティがマカクザルを使った実験中に発見した現象だ。アカゲザルの脳に電極を刺した実験中に、実験者がバナナを食べた。それを見ていたマカクザルの脳細胞が、エサを食べたときと同様の活動を示していることを発見した。つまり、コーヒーを飲む友人を見ている私自身の脳細胞も、コーヒーを飲んだときに活性する部分が活動するという現象だ。

ミラーニューロンによって、人間は他者の行動を認識し、さらに他者の思考を読み取ることができるようになったと説明されている。各人によってこの能力に差異があるのではないか。

人間は、他者との関わりの中でミラーニューロンを育てあげる。幼児が、わがままは通らないと学習するように、友人や恋人との付き合いで他者の考え方を推察する能力を育てあげる。読書は他者の考え方を理解する最適の教材であり、歴史は多様な考え方が社会を作り上げた実験場でもある。思い出してみれば法律の学習は、肯定説、否定説、折衷説と多様な考え方を理解する訓練の場だったのだと思う。

人間には視覚、聴覚、触覚、味覚、嗅覚の五感が備わっているが、それに加えてミラーニューロンは六つ目の感覚なのだろう。そして、これは相手の思考を理解すると同時に、自分の思考も送り出している。まさに、社会の歯車としての潤滑剤なのだが、その能力には強弱がある。それが好転する人生と、暗転する人生を作り出しているように思う。

頭が良いとか悪いとか、そのようなことに大きな価値を見いだす人達が多いが、それよりも重要なのは、他者を理解し、そして自分の思考を送り出すミラーニューロンが育っているかどうかではないだろうか。

# 第95 口頭による贈与

「書面によらない贈与は各当事者が撤回することができる」。これが民法550条だが、なぜ、口頭による贈与契約は撤回が認められるのだろうか。その理由は4000年を遡る。

妻サラが死亡し、アブラハムは墓地を求めた。族長エフロンが土地を贈与すると申し出たが、アブラハムはそれを断り「私の言うことを聞き入れてください。私は畑地の代価をお支払いします。どうか私から受け取ってください」（創世記24章13節）と答えた。そして、アブラハムは銀400シェケルを支払って土地を購入したのだが、その理由は当時の慣習にあった。贈与を受けた土地は、その後、何時でも取り戻されてしまうという慣習だ。

それから3800年が経過し、ナポレオンによって、ナポレオン法典と呼ばれるフランス民法が作られた。当時の生活には聖書の教えが色濃く影響していたと想像されるが、贈与については要件を加重し、贈与契約は公証人が作成することを要し、それ以外の贈与を無効とした。

さらに80余年が経過した明治初期の日本では、不平等条約の解消のため民法の制定が急がれており、ナポレオン法典がその手本となった。そして契約は口頭の合意によって成立するという民法の原則の中で、贈与契約に限っては、口頭による契約の拘束力を否定し、贈与が履行されるまでは撤回が認められることになった。これが現在に生き残る民法550条だ。

さて、アブラハムの時代から4000年が経過し、いま税務署の窓口にいる。山田家の長男と結婚した花子には子が授からなかった。長男が死亡し、次いで義母も亡くなり、花子だけが残された。義母は遺言書を作成していなかったので、義母と花子が住んでいた居宅は義母の姉妹に相続されることになったが、叔母らは、これを花子に相続して欲しいと希望している。さて、その希望は叶えられるだろうか。

恐らく、税理士なら、次のように答えるだろう。「花子さんには相続権がないので、一度は叔母さん達が相続し、そこから贈与を受ける以外にない」。つまり、相続税と贈与税の二度の課税が不可避だと。

しかし、これは違うのだ。義母は、常日頃、財産は花子に相続して欲しいと語っていた。その事実を叔母らも認めている。花子の話を聞いた税務署職員は、それを口頭による死因贈与契約と認め、相続税の負担のみで花子が居宅を相続することを認めてくれた。

どのような定めにも歴史があり、ドラマがある。

だから学ぶことが面白い。

## 第96 不動産管理会社の勧め

不動産賃貸業を営むのなら、不動産管理会社は不可欠だ。

いや、専門の管理業者ではなく、同族の管理会社を利用した所得の分散だ。管理会社に管理を委託し、管理手数料を支払う。税務で是認される管理料はどのくらいの金額か。賃料年額が3000万円を下回る場合なら20％まではOKだろう。5000万円を下回る場合なら15％、それを超える場合でも10％まではOKだ。ただし、専業の管理業者に委託している場合なら、それに加えて同族の管理会社に支払える管理料は5％を限度と考えるべきだ。

管理方式ではなく、サブリース（転貸方式）なら如何だろうか。個人には経済的に行動すべき義務はないので、幾らで賃貸しても自由だと主張する人達がいる。しかし、それは間違いだろう。サブリース方式の場合も、管理料方式と同様の制限に従うべきであり、利ざやは10％から20％程度に留めるのが無難だろう。

不動産管理会社は所得分散に便利なだけではない。仮に、不動産の所有者が高齢であり、万が一、痴呆症などが発症した場合にも、管理会社を通じて賃貸借契約を締結していれば、相続人が会社の代表者として、賃貸借契約を管理することができる。賃料の不払いがあれば、会社を代表して賃料請求や建物の明渡請求訴訟が提起できる。

更なる節税を考えるのであれば、敷地を留保したまま、建物のみを管理会社に譲渡してしまう方法もある。建物の再取得価額は、減価償却後の建物の簿価と同額なので、譲渡所得を計上することなく建物を管理会社に譲渡することができる。敷地について無償返還届を提出しておけば権利金の認定課税を受けることもない。これらの処理が否認された例は聞かないが、仮に、これが否認された場合でも地代の認定課税を限度とするだろう。建物を管理会社に譲渡してしまう方法なら、地震時の建物倒壊など、賃貸人としての責任を法人止まりにして、個人としての責任から解放されることも期待できる。

一般社団法人を管理会社として利用する方法も有効だ。仮に1年間で5000万円の賃料収入がある場合なら15％の管理手数料を支払い、それを法人に内部留保してしまう。法人税を納付しても10年間で5000万円の内部留保を蓄えることができるが、出資者が存在しない一般社団法人の場合は、内部留保には相続税が課税されることはない。内部留保は、相続後に、理事者に就任している相続人に給与として支払えば良いと思う。

特段に目新しい話題ではないが、税理士の知恵がもっとも有効に活用できる場面として、不動産管理会社の利用法を整理してみた。

## 第97　不条理に付き合う

他人の不条理を引き受けるのが弁護士だ。夫から離婚を要求されている妻、親が書いた遺言書によって居宅を追い出される相続人、夫が保証人になってしまったために居宅を失う妻。

被害の最小化が弁護士の存在価値だが、それでも無傷とすることは難しく、結局は、これらの不条理を受け入れざるを得ない。さて、どのように納得すれば、この結果が受け入れられるのだろうか。

人間が、不条理を、不条理のまま受け入れるのは難しい。だから、不条理を位置付けなければならない。

そのような悩みについて相反する2つの理解がある。1つはドトールコーヒーの創業者鳥羽博道氏が『ドトールコーヒー「勝つか死ぬか」の創業記』という著書で紹介する「因果倶時」という言葉だ。仏教の教えだが、これを鳥羽氏は次のように解釈する。「原因と結果というものは必ず一致するのだ。現在の自分がどういう位置にあるかを知りたいと思うなら、過去の原因を見て御覧なさい。原因を積み重ねてきて結果として今日がある。将来、自分はどうなるのだろうかと知りたいのであれば今日一日積んでいる原因をみれば分かる」。

確かに、避けることが可能だったと思う不幸も少なくない。ここに至る前には何度もの予兆があったはずだ。その予兆に気がつかなかったのか、あえて無視したのか、無視せざるを得なかったのか。全ては過去の自分が作り出した現在なのだ。だからこそ過去からの流れを見定めないと、目の前の不条理に対する解決策が見付けられない。

しかし、全ての結果に原因があるわけではない。理由の無い不条理があるからこそ、宗教が存在するのだろう。そのような不条理を嘆くのが旧約聖書に登場するヨブ記だ。主とサタンの戯れ言から全ての財産と子供達を奪われてしまった。それでも「主は与え、主は奪う。主の御名は誉められるべきかな」と主を呪わなかったヨブも、さらに健康まで奪われ、遂に、「私の生まれた日は滅び失せよ。男の子が胎に宿ったといった夜もそのようになれ」と主を呪う。しかし、ヨブは、その不条理を受け入れざるを得ない。それがヨブ記のテーマだ。

さて、目の前にある不条理は因果倶時なのか、ヨブの嘆きなのか。言葉には表せない自問自答が続く。本人だけではなく、不条理に付き合うことになる弁護士自身も、この不条理を位置付ける必要があるのだ。

## 第98　認知症対策

長寿化の社会では、呆けるまで生かされてしまう。

そのような場合に選択されるのが成年後見制度だが、この制度には大きなリスクがある。家庭に法律や裁判所を入れるというリスクだ。被後見人の財産は、被後見人のためにのみ使われなければならない。仮に、孫が医学部に入学しても、被後見人の財産から学費を援助することはできない。夫が遺言書を書いたとしても、妻の後見人には、遺留分減殺請求をし、遺産の最大額を妻に取得させる法律上の義務がある。相続税対策などは絶対に許されない。家庭の収支を、毎年一度、家庭裁判所に提出するのも経験者に言わせると相当の苦労だ。

任意後見なら、少しは自由度が増すかもしれない。健康なときに、自分の財産の管理方法を合意しておく方法だ。しかし、任意後見制度も、その開始には、裁判所が任命した任意後見監督人の選任が必要になる。裁判所の監督に服すという意味では安全だが、しかし、硬直的な手続だ。

では、相続時精算課税を利用したら如何だろうか。呆けが予知されたときには子供達に生前相続をしてしまう。しかし、この制度にも限界がある。まず、生前に財産を手放してしまうリスクだ。その後、子供達に見離されたら生きていく術がない。２５００万円という制限にも限界があり、相続時に小規模宅地の特例が使えなくなるのもデメリットだ。

賃貸物件の管理なら、管理会社を設立し、そこに管理委託し、あるいは転貸し、管理を任せてしまうのも簡単な方法だ。この方法なら、賃借人とのトラブルは、事実上と法律上を問わず、管理会社の名をもって処理することが可能だ。しかし、自宅や、預金などの管理を任せることはできない。

そこで登場するのが信託だ。自己の財産を、受託者に信託譲渡してしまう。預金も、不動産も、信託譲渡してしまうので振込め詐欺に騙されることはない。不動産には信託の登記が為されてるので信託目録に従った利用が保証される。信託譲渡であれば所得税や贈与税が課税されることもない。仲の良い親子であれば、受託者は子供達で良いだろう。ただ、それでも成年後見が必要になる場合があるはずだ。そして成年後見人は、被後見人に不利益な信託契約を解除する義務もある。だから、信託契約には解除不能の特約を付しておく必要がある。

しかし、何よりも呆けないことが重要だ。頭を使っていればアルツハイマー型の認知症の発症が抑えられるという疫学的な調査結果もある。毎年の税法改正を追いかけ、顧客のために常に頭を使い心配する。それが一番の呆け対策だと思う。

# 第99　全ての基準軸は時間

会社法806条3項を紹介しよう。「消滅株式会社等は、…株主総会の決議の日から2週間以内に、その株主に対し、新設合併等をする旨…を通知しなければならない」。

仮に、株主総会が開催された日が4月1日だとすると、常識的には、この条文は次のように読むのだろう。株主総会の翌日である4月2日を起算日とし、その後2週間が経過する4月15日までの間に株主に通知が届く。しかし、これは違うのだ。

「株主総会の決議の日から2週間以内」は、「期間」を定めたものではなく、「期限」を定めたものと解釈されている。つまり、4月15日までに通知すれば良く、それが3月中でも、2月中でも有効だという解釈だ。そのために、実務では、株主総会の招集通知に、会社法806条3項で通知すべき事項も記載してしまっている。株式買取請求権を行使しようと予定している株主が、株主総会が開催された後に通知が送達されると考えていたら、手遅れになってしまうのだ。

法人税法122条の「青色申告の承認の申請」の提出期限も紹介してみよう。同条2項1号は「内国法人である普通法人…の設立の日の属する事業年度」については「同日以後3月を経過した日と当該事業年度終了の日とのうちいずれか早い日」と定めている。仮に、２月１日に設立し、３月末を事業年度とする場合なら、３月31日までに青色申告の承認申請を提出すべきと読んでしまう。しかし、これも違うのだ。法人税法１２２条２項は１号に「定める日の前日」としている。つまり、３月30日が青色申告の承認申請の提出期限なのだ。

実務では期日のミスが多い。法人税同様、消費税の申告書の提出期限も１カ月の延長が認められると勘違いした関西電力の例では12億円の無申告加算税が課税された。所得税の還付申請について３月15日を起算日と勘違いし、遺産分割に基づく更正の請求について、調書の送達日から４カ月と勘違いした事例など、期限を途過したミスは数え切れない。

さて、これらのミスを、どのように防ぐか。それは、今日の仕事は、今日のうちに処理してしまうことだ。更正の請求期限は何時か、異議申立の提出期限は何時か。そのようなことを調べ、覚えても意味はない。更正の請求期限は今日であり、異議申立書の提出期限は今日なのだ。提出書類に不備があれば、その後に追完すればよい。

どのような仕事も、時間こそが判断基準だ。期限に遅れてしまったミスには救済はないが、期限内のミスには救済策がある。だから、仕事を急ごう。何があっても、時間があれば解決は可能だ。冷静さを取り戻す時間と、解決策を構築する時間と。

# 第１００　自分が見えてない

多様な失敗を目にするのが弁護士業だ。

その原因の多くは「自分が見えていない」ことにあると思う。

他人から注意され、不当な批判を受けた。

そのような場面では、多くの人達は相手を分析する。

なぜ、そのような批判をするのか。常識を知らないのか。そのような性格なのか。頑固で自分の考え方に固執しているのか。私が優れているために競ってきたのか。しかし、そのような分析をしても何の収穫もない。

もし、収穫を得ようとするのであれば、そのような場面では自分を分析することが必要なのだ。

なぜ、他人からの注意に怒りを覚えるのか。

なぜ、他人からの批判を不当だと感じてしまうのか。

自分を分析してみれば、自分の中に隠れている自分を見付けられるかもしれない。不当な注意に腹を立てる潔癖な自分なのか、他人に注意されたら、注意されたこと自体でプライドが傷つく自分がいるのか。他人と比較し敏感すぎるのではないか。自分に原因があるからこそ怒りを感じるのか。プライドを侵害されたときには公平な視点を失ってしまう自分がいるのか。

7人の講師が、なぜ学び、なにを学ぶのかを語る『16歳の教科書（講談社）』で、英語担当の大西泰斗氏が「違和感にこだわれ」と語っている。自分は最大のミステリー。解くことはできない。違和感を感じる「感度」自体が自分の個性だと。「自分の心に宿った小さな違和感、小さな不本意、小さな不自然。その問題意識の中にこそ、大切な大切な『ほんとう』の自分が住んでいるんだからね」と。

これは『脳には妙なクセがある（扶桑社）』で池谷裕二教授が語ることとも共通している。教授は「私たちは自分の心がどう作動しているかを直接的に知ることはできません。ヒトは自分自身に対して他人なのです」。

自分が見えなければ、社会的な事象を、どのように分析しても、その知識は役立たない。

そして、自分が見えなければ、どのような学習をしても、物知りになるだけであって、自分自身の成長はない。

日々、多様な刺激を受けながら生きていくのが人生だ。その中には良い経験、嫌な経験があり、あるいはヒヤッとする経験もあるだろう。全て、それらは自分を発見するためのチャンスなのだ。

何時になったら、本当の自分が見付けられるのか。

「七十にして心の欲する所に従って矩を踰えず」と、孔子はそれが70歳だと教える。

しかし、それは孔子の場合だ。

私たちは、恐らく、何歳になっても本当の自分は見付けられないのだと思う。

《著者紹介》

**関根　稔**（せきね　みのる）

昭和45年　公認会計士二次試験合格
昭和45年　税理士試験合格
昭和47年　東京経済大学卒業
昭和47年　司法試験合格
昭和49年　公認会計士三次試験合格
昭和50年　司法研修所を経て弁護士登録
平成２年　東京弁護士会税務特別委員会委員長
平成４年　日弁連弁護士税制委員会委員長
税務大学校や青山学院大学大学院講師を歴任

taxMLというメーリングリストを開設し、21年間について、１日に60件から100件のメールをやり取りし、税法と税法関連業務の情報を交換し、多数の税理士事務所からも税務相談を受けるなど、税法の実務の情報が大量に集まる法律事務所を経営している。

著書に『続・税理士のための百箇条』『続々・税理士のための百箇条』『相続の話をしよう』『税理士のコーヒータイム』財経詳報社、『組織再編税制をあらためて読み解く』共著・中央経済社、『相続法改正対応　税理士のための相続をめぐる民法と税法の理解』共著・ぎょうせいなど。

**税理士のための百箇条**―実務と判断の指針―

平成25年４月24日　初版発行
平成25年６月15日　初版第２刷発行
平成25年９月４日　初版第３刷発行
平成25年10月31日　初版第４刷発行
平成26年２月10日　初版第５刷発行
平成26年12月11日　初版第６刷発行
平成27年８月８日　初版第７刷発行
平成28年５月３日　初版第８刷発行
令和４年５月20日　初版第９刷発行

著　者　関　根　　稔
発行者　宮　本　弘　明

発行所　株式会社　財経詳報社

〒103-0013　東京都中央区日本橋人形町1-7-10
電　話　03（3661）5266(代)
ＦＡＸ　03（3661）5268
http://www.zaik.jp
振替口座　00170-8-26500

落丁・乱丁はお取り替えいたします。
印刷・製本　平河工業社

Printed in Japan 2022
ISBN　978-4-88177-290-4